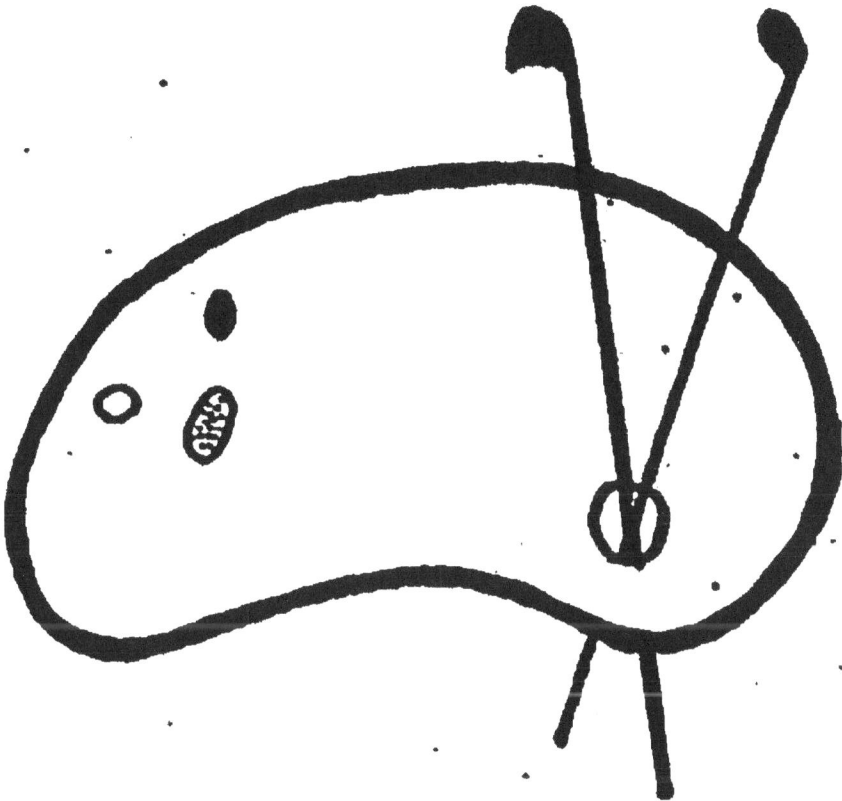

DEBUT D'UNE SERIE DE DOCUMENTS
EN COULEUR

BULLETIN MENSUEL

DE LA SOCIÉTÉ

DE

LÉGISLATION COMPARÉE

(Reconnue comme établissement d'utilité publique par décret du 4 décembre 1873.)

DON
114396

VINGT-NEUVIÈME ANNÉE.

N° 10, 11, 12. — Octobre-Novembre-Décembre 1898.

SOMMAIRE.

PARIS

Tout ce qui concerne la *publication du Bulletin* doit être adressé à **M. Pichon**, S' de **M. Cotillon**, Libraire du Conseil d'État, 24, rue Souffiot.

Toutes les autres communications seront adressées au **Secrétaire général** de la Société, 44, rue de Rennes.

CONVOCATION

La prochaine séance de la *Société de Législation comparée* aura lieu le mercredi, 11 janvier 1899, à huit heures 1/2 du soir, *au siège de la Société*, 44, rue de Rennes (*hôtel de la Société d'Encouragement*), sous la présidence de M. Ch. LYON-CAEN.

SOCIÉTÉ DE LÉGISLATION COMPARÉE
44, rue de Rennes, 44
1898-1899

TABLEAU DES CONVOCATIONS

	DÉC. 1898	JANV. 1899	FÉV.	MARS	AVRIL	MAI	JUIN	OBSERVATIONS.
Séances générales.	14	11	8	8	»	»	»	Les séances générales ont lieu quatre fois par an, à des époques fixées, chaque année, par le Conseil de l'élection.
Section de la langue anglaise.	20	»	10	»	21	»	9	Les sections se réunissent à tour de rôle le vendredi. Des convocations spéciales sont adressées, huit jours à l'avance, aux membres qui se sont fait inscrire.
Section des langues du Nord.	27	»	21	»	15	»	2	
Section des langues du Midi.	»	13	»	10	»	»	23	
Section de la langue française	»	6	»	3	28	»	16	

CONSEIL DE DIRECTION POUR L'ANNÉE 1898.

Anciens Présidents :

MM. AUCOC (Léon), membre de l'Institut, président du Comité de législation étrangère; BARBOUX (Henri), avocat à la Cour d'appel, ancien bâtonnier; DARESTE (Rodolphe), membre de l'Institut, conseiller à la Cour de cassation; RIBOT (Alexandre), avocat à la Cour d'appel, député, ancien ministre; DU BUIT (Henri), avocat à la Cour d'appel, ancien bâtonnier; FÉRAUD-GIRAUD, président honoraire à la Cour de cassation; TRANCHANT (Charles), ancien conseiller d'État.

Anciens Vice-Présidents :

MM. GREFFIER, président de chambre honoraire à la Cour de cassation; BÉTOLAUD, avocat à la Cour d'appel, ancien bâtonnier; PICOT (G.), membre de l'Institut, ancien magistrat; BABINET, président de chambre honoraire à la Cour de cassation; RENAULT (L.), professeur à la Faculté de droit de Paris; GIGOT (A.), ancien préfet de police; BERTRAND (E.), procureur général à la Cour d'appel de Paris; CHAUMAT (A.), avocat à la Cour d'appel de Paris.

Président :

LYON-CAEN (Charles), membre de l'Institut, professeur à la Faculté de droit de l'Université de Paris.

Vice-Présidents

CHEYSSON (Émile), inspecteur général des Ponts et Chaussées.
GÉRARDIN, professeur à la Faculté de droit de l'Université de Paris.
DESJARDINS (Arthur), membre de l'Institut, avocat général à la Cour de cassation.
HUBERT-VALLEROUX, avocat à la Cour d'appel de Paris.

Membres du Conseil

MM. ALIX (Gabriel), professeur de droit à l'Institut catholique de Paris.
AMIAUD (Albert), chef de bureau au Ministère de la Justice.
BENOIT (Georges), ministre plénipotentiaire.
BOISLISLE (Georges DE), conseiller à la Cour d'appel de Paris.
BOUCHIÉ DE BELLE, avocat au Conseil d'État et à la Cour de cassation.
CHAVEGRIN (Ernest), professeur à la Faculté de droit de Paris.
DUCROCQ (Th.), professeur à la Faculté de droit de Paris.
FALCIMAIGNE, conseiller à la Cour de cassation.
JOBBÉ-DUVAL, professeur à la Faculté de droit de Paris.
LACHAU (Charles), avocat à la Cour d'appel de Paris.
LACOIN, avocat à la Cour d'appel de Paris.
LABÉTRIE (Gustave), vice-président au Tribunal civil de la Seine.
LELOIR (Georges), substitut du procureur de la République.
MAYNIEL, conseiller d'État.
PASSEZ (Ernest), avocat au Conseil d'État et à la Cour de cassation.
ROBIQUET (Paul), avocat au Conseil d'État et à la Cour de cassation.

Anciens Secrétaires généraux :

MM. DUBOIS (Georges), ancien magistrat, chef du contentieux de la Compagnie du chemin de fer d'Orléans.
DIETZ (Jules), avocat à la Cour d'appel de Paris.

Secrétaire général :

M. DAGUIN (Fernand), avocat à la Cour d'appel de Paris.

Secrétaires :

MM. CHALLAMEL (Jules), avocat à la Cour d'appel; faisant fonctions de Secrétaire général adjoint.
THEURAULT (A.), ancien magistrat.
BAILLIÈRE (Paul), docteur en droit.
DARRAS (Alcide), docteur en droit.

Secrétaires adjoints (1) :

MM. HAMEL (Paul), avocat à la Cour d'appel de Paris.
GUÉRIN (Lucien), sous-chef de bureau à la Caisse des dépôts et consignations.
DUFOURMANTELLE (Maurice), avocat à la Cour d'appel de Paris.
FROMAGEOT (Henri), avocat à la Cour d'appel de Paris.
CHEUVREUX (Casimir), ancien avocat à la Cour d'appel.
ROUSSEL (Félix), avocat à la Cour d'appel de Paris.

Trésorier :

M. HÉRON DE VILLEFOSSE (Étienne), sous-chef de bureau au Ministère de la Justice.

(1) Les Secrétaires adjoints n'ont que voix consultative.

ANNALES DE DROIT COMMERCIAL FRANÇAIS, ÉTRANGER ET INTERNATIONAL, publiées par M. E. THALLER. — 7ᵉ année. Un an, 15 fr. Prix réduit pour les membres de la Société, 12 fr. 50. Les abonnements sont reçus à l'Administration, 16, rue Soufflot, à Paris.

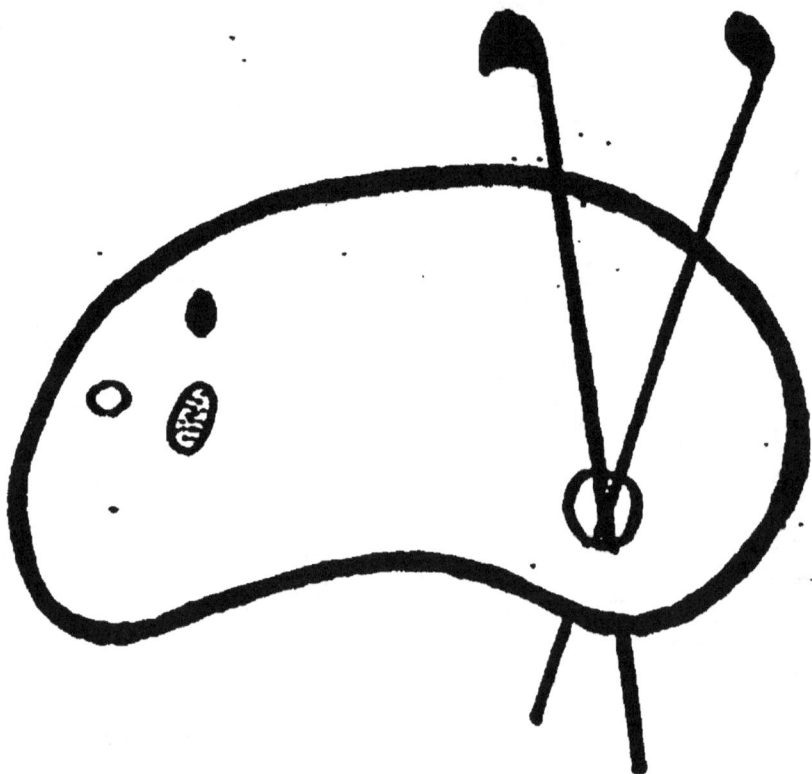

FIN D'UNE SERIE DE DOCUMENTS
EN COULEUR

N° 10, 11, 12. — Octobre-Novembre-Décembre 1898.

BULLETIN MENSUEL

DE LA SOCIÉTÉ

DE LÉGISLATION COMPARÉE

SOMMAIRE

Liste des ouvrages offerts à la Société :

Entwurf eines Postsparkassengesetzes nebst Begründung; brochure offerte par M. Maurice Dufourmantelle.

De la vraie représentation politique; volume offert par l'auteur, M. Séverin de la Chapelle.

Esquisse d'un tableau raisonné des causes de la production, de la circulation, de la distribution et de la consommation de la richesse; brochure offerte par l'auteur, M. M. Tessonneau.

Concepto tecnico de la caducidad en asuntos contencioso-

administrativos; su naturaleza y efectos; brochure offerte par M. Andros Segura y Cabrera.

La réforme monétaire de la Russie; offert par les auteurs, MM. Lorini et Ledos de Beaufort.

Appropriations, new offices (Senate) Statements; volume offert par M. Bœufvé.

Las costas procesales en las demandas que se interpongan ante el Tribunal local; brochure offerte par l'auteur, M. A. Segura y Cabrera.

Cours de droit administratif et de législation française des finances (Tome III); offert par l'auteur, M. Th. Ducrocq.

Histoire des postes, des télégraphes et des téléphones du grand-duché de Luxembourg; volume offert par l'auteur, M. J.-P. Reis.

Les traités entre la France et le Maroc; volume offert par l'auteur, M. E. Rouard de Card.

La Révolution et les pauvres; volume offert par l'auteur, M. Léon Lallemand.

Collecção das leis da republica dos Estados-unidos do Brazil (1895); volume offert par M. le vicomte de Cavalcanti.

Code municipal de la province de Québec; volume offert par l'auteur, M. J.-E. Bedand.

The Quebec law index; volume offert par l'auteur, M. Harris H. Bligh.

Répertoire bibliographique des principales revues françaises pour 1897; volume offert par l'auteur, M. D. Jordell.

Sumario de las lecciones de historia critica de la literatura juridica española; volume offert par l'auteur, M. R. de Ureña y Smenjaud.

Derecho mercantil; volume offert par l'auteur, M. Miguel Garcia Alvassés.

Compte général de l'administration de la justice civile et commerciale, et de la justice criminelle en France et en Algérie; 2 volumes offerts par le ministère des finances.

La notion du chômage involontaire peut-elle être nettement circonscrite? brochure offerte par l'auteur, M. H.-F.-G. Adan.

Necrologia del excmo senor D. Ant. de Mena y Zorrilla; brochure offerte par l'auteur, M. le comte de Tejada de Valdosera.

Cour de cassation, Discours sur les mœurs judiciaires, audience de rentrée; brochure offerte par l'auteur, M. Melcot.

Traité de droit commercial (2e édition, tomes I et III); 2 volumes offerts par MM. les auteurs, Lyon-Caen et Renault.

Traité théorique et pratique de droit pénal français (2ᵉ édition, tomes I et II) ; 2 volumes offerts par l'auteur. M. R. Garraud.

Traité théorique et pratique de procédure (2ᵉ édition, tomes I, II et III) ; 3 volumes offerts par l'auteur, M. Garsonnet.

Le droit de la paix et de la guerre; essai sur l'évolution de la neutralité et sur la constitution du pacigérat ; volume offert par l'auteur, M. E. Descamps.

Le relazione fra la costituzione e l'amministrazione; brochure offerte par l'auteur, M. I. Tambaro.

La dissolution des assemblées parlementaires, étude de droit public et d'histoire; volume offert par l'auteur, M. Paul Matter.

Répertoire général alphabétique du droit français (tome XXVII): offert par les auteurs, MM. A. Carpentier et Frèrejouan du Saint.

Études d'économie politique appliquée; volume offert par l'auteur, M. L. Walras.

Droit ancien et moderne de la Roumanie, étude de législation comparée; volume offert par l'auteur, M. Démétro Alexandresco.

Étude sur le transport de dettes à titre particulier; volume offert par l'auteur, M. E. Gaudemet.

L'assurance mutuelle du bétail; volume offert par l'auteur, M. le comte de Rocquigny.

Recherches sur l'histoire de l'Économie politique; volume offert par l'auteur, M. Ernest Nys.

Pandectes françaises (privilèges et hypothèques); volume offert par les auteurs, MM. Weiss et Frennelet.

Die Sparkassen-Gesetzgebung Deutschlands (Prusse); volume offert par l'auteur, M. Henden.

Haïti et le régime parlementaire, examen de la Constitution de 1889; volume offert par M. H. Pauléus-Sannon.

Lois usuelles de la confédération suisse; 2 volumes offerts par M. P. Wolf.

Les associations coopératives en Allemagne; brochure offerte par l'auteur, M. Maurice Dufourmantelle.

Comité des travaux historiques et scientifiques. Liste des membres; brochure offerte par le ministère de l'instruction publique.

Schema per un codice civile nella repubblica di Sanmarino; volume offert par l'auteur, M. Giuseppe Brini.

The conflict of Laws in the provincia of Quebec; volume offert par l'auteur, M. E. Lafleur.

Office du travail. Les caisses patronales de retraite des établissements industriels; volume offert par l'Office du Travail.

Société industrielle d'Elbeuf. Communication sur la question du crédit populaire en France ; brochure offerte par l'auteur, M. G.-A. Bessand.

Legge sui monti di pietà; volume offert par l'auteur, M. L. Parpagliolo.

L'élection du conseil central des Églises réformées de France; brochure offerte par l'auteur, M. Jalabert.

Neue Sparcasse in Hamburg; brochures offertes par M. Dufourmantelle.

Zweiter Jahresbericht erstattet vom Vorstande für die Zeit vom 1897-98. Die Fürsorge für die Schulentlassene Jugend; 2 brochures offertes par M. Hellermann.

Die preussichen Sparkassen im Rechnungsjahre 1895 bezw. 1895-96 ; brochure offerte par M. Maurice Dufourmantelle.

ÉTUDE SUR LES PRINCIPES DE LA PUBLICITÉ D'APRÈS LES DIVERSES LÉGISLATIONS, par M. Raoul **de la Grasserie**, *juge au Tribunal civil de Rennes.*

La publicité est maintenant considérée comme l'une des théories les plus importantes du droit ; son empire prend de plus en plus d'extension, et le régime occulte est expulsé peu à peu. Dans la première moitié de ce siècle, il régnait en France, en matière de transmission de propriété, et recouvrait encore une partie du droit hypothécaire ; il en était ainsi dans la plupart des autres pays, et en droit romain, sauf à l'origine où une publicité d'un genre spécial était utilisée, aucun fait juridique n'était publié. Les tiers restaient au second plan, même au dernier, il n'était question que des parties contractantes. Il en résultait de grands dangers pour le public, et même pour les parties, qui ne pouvaient traiter sûrement. Il est vrai qu'on ne le faisait pas à de grandes distances, qu'on se connaissait et que la bonne foi était une garantie. Cependant la publicité est un instrument juridique précis qui dispense de prendre partout des renseignements actuels et des précautions personnelles, et on peut dire dans un sens que c'est ce qu'il y a de plus scientifique dans le droit. C'est aussi ce qu'il y a de plus pratique, et un bon régime, dit hypothécaire, quoiqu'il s'agisse autant de transmissions de propriété que d'hypothèques, apporte une sécurité absolue non seulement dans l'état des biens, mais aussi dans celui des personnes, car à côté de la publicité réelle depuis longtemps connue se place la publicité personnelle qui a fait assez récemment son apparition. Ce n'est pas tout; la publicité, dans une de ses branches, a pour but d'exciter à conclure des conventions, de mettre les parties en présence, et avant de garantir les contrats, elle les avait, dans une opération antérieure, déjà créés.

Il est intéressant de suivre ce principe essentiel dans son évolution, à la dernière étape de laquelle il est encore loin d'être parvenu, de l'observer chez les différents peuples, et tout d'abord de l'examiner en lui-même d'après les données fournies par l'induction, d'en établir les qualités nécessaires, les différentes sortes, les buts divers, les modes de réalisation, les objets auxquels elle s'applique, sa sphère d'étendue, son caractère plus ou moins absolu suivant les systèmes. Cette coordination des idées sur lesquelles repose la publicité n'est pas un exposé théorique indépendant des lois positives, mais c'en est la résultante et la condensation; elle est nécessaire pour voir d'un point plus élevé et pour comprendre dans sa synthèse chacun des systèmes employés, soit totalement, soit fractionnairement, dans les législations des peuples civilisés.

La publicité consiste essentiellement dans la mise à la connaissance des tiers soit d'un fait à accomplir, soit d'un fait accompli ayant des conséquences juridiques. Ainsi je désire vendre un immeuble; j'annonce cette intention par tous les moyens possibles; je viens d'en acheter un; je publie le fait accompli. L'une des publicités se réfère à l'avenir: l'autre au présent et au passé. Il y a sous ce rapport une publicité de troisième sorte, très importante autrefois, mais qui est devenue secondaire, c'est la publicité concomitante, celle du présent. De nos jours encore, le mariage se célèbre en présence du public qui n'est pas convoqué, mais qui peut assister à la cérémonie civile. Le but de ces trois publicités est tout à fait différent. Lorsque j'annonce que j'ai l'intention de vendre tel immeuble, je désire appeler l'attention des amateurs sur le marché à conclure; si je m'étais tu, personne ne serait venu; j'aurais été obligé d'employer un autre moyen, mais très lent, celui d'un intermédiaire, qui, du reste, eût dû lui-même rendre mon offre plus ou moins publique; c'est la publicité attractive. Lorsque, au contraire, je rends publique l'acquisition que je viens de faire, c'est dans un but tout autre, celui d'empêcher que mon vendeur ne traite avec un tiers qui pourrait m'évincer s'il rendait son acquisition publique avant que je ne l'ai fait moi-même. Si enfin le mariage est célébré publiquement aussi bien que solennellement, c'est dans le même but encore, mais pour que la connaissance en soit immédiate et devienne de notoriété publique sans qu'il soit nécessaire de publicité ultérieure. On voit qu'en fin de compte, il y a surtout deux sortes de publicité, l'une antérieure et attractive, l'autre postérieure et défensive. Nous venons d'indiquer leurs buts principaux; si on les analysait de plus près, on verrait qu'ils se dédoubleraient. C'est ainsi que la publicité défensive n'a pas seulement pour but d'exclure les droits de tiers déjà nés, mais qui n'auraient pas encore été publiés, mais celui de les forcer à apparaître toutes les fois que la publicité n'a pas la vertu de les faire périr; il s'agit des différents cas de purge. Cette purge est possible à divers degrés suivant les législations; c'est ainsi que chez nous elle ne peut se faire qu'en cas de vente dans le droit commun et s'étend au cas de placement hypothécaire, quand il s'agit du Crédit Foncier, tandis que dans les pays de légalité elle atteint la propriété elle-même.

La principale division de la publicité est donc celle en attractive et défensive. Il y en a une autre non moins importante, qui dérive de l'objet. La publicité concerne les choses ou les personnes. Quant aux choses, elle indique les droits réels de propriété, d'hypothèque, de servitude qui les grèvent et par conséquent, l'état juridique de ces choses, immeubles, ou même meubles, dans certaines législations. Quant aux personnes, elle fait connaître leur état civil, leur lien matrimonial, leur capacité. Elle n'est pas moins importante que la première, mais elle est beaucoup moins développée dans la législation positive. Nous n'assistons aujourd'hui qu'à ses commencements.

Enfin, quant à ses effets, la publicité est absolue ou seulement relative. Dans son effet absolu, réalisé dans l'*act Torrens* et les lois germaniques, elle rend la propriété incommutable et garantie contre tous droits, même celui du vrai propriétaire, de sorte que l'inscription foncière est un titre absolu. Dans son effet relatif, elle ne garantit que contre les ayants cause du même auteur. Enfin, dans un régime hypothécaire plus affaibli encore, elle ne s'applique même pas complètement à l'objet lui-même, mais porte, pour ainsi dire, à faux entre la personne et l'objet; c'est ce qui existe dans notre droit français actuel.

Si nous examinons la distribution et l'évolution de la publicité chez les différents peuples, nous voyons qu'elle diffère essentiellement suivant les races; qu'elle est restée longtemps nulle chez celles latines, où elle ne parvint à un degré supérieur que par imitation ou influence, sans jamais être très élevée; qu'au contraire, elle se montre dès l'origine très forte chez les races germaniques; ce sont les deux pôles du droit en matière de publicité. C'est en induisant de leurs différents codes et de leurs coutumes que les principes généraux de celle-ci peuvent se dégager nettement.

Nous examinerons successivement dans cette étude : 1° les qualités nécessaires de la publicité; 2° ses diverses sortes de réalisation suivant les classements indiqués par le dépouillement des législations.

1° QUALITÉS NÉCESSAIRES DE LA PUBLICITÉ.

La qualité essentielle de la publicité c'est d'être complète. Du moment où elle laisse dans l'ombre un des points qu'il est intéressant de connaître, elle devient fausse et au plus haut point dangereuse; ainsi, dans notre droit actuel, l'hypothèque de la femme mariée restant occulte, tandis que les autres sont rendues publiques, fausse tout le régime hypothécaire. De même, la transmission héréditaire n'étant pas publiée, tandis que les autres le sont, il en résulte une lacune qu'on ne prévoit pas et qui est de nature à tromper. Mieux vaudrait l'absence de publicité qu'une demi-publicité, car on se défierait toujours, et si les transactions n'étaient pas sûres, et devenaient plus rares, elles causeraient, du moins, des ruines moins fréquentes.

Une autre qualité consiste à employer des moyens appropriés, c'est-à-dire susceptibles de porter ce qui doit être connu à la connaissance effective de tous. La loi française exige l'affichage à l'auditoire du tribunal où personne n'a coutume de s'adresser. Il en résulte une publicité purement fictive qui ne peut atteindre son but. La publicité doit se faire de manière à être connue.

Une autre qui est le corollaire de la précédente est la centralisation de la publicité; si elle est éparse, elle devient nulle : on ne sait où s'adresser. C'est tantôt au bureau des hypothèques, tantôt au greffe, tantôt dans l'étude d'un officier ministériel. La loi l'indique, mais souvent on l'ignore, et même si on la connaît, on l'observe, mais au moyen de nombreux déplacements coûteux et gênants. Si, au contraire, on trouve dans un bureau unique tous les renseignements dont on a besoin, la publicité est réelle.

Pour l'être complètement, il faut aussi que les recherches soient faciles au point de vue territorial. Faudra-t-il s'adresser tantôt au bureau du domicile de celui dont on veut connaître la situation, tantôt à celui de son lieu de naissance ou de son lieu de mariage, tantôt enfin à la situation des biens? Toutes ces distinctions sont de nature à rendre perplexe. Si, au contraire, on fixe ce bureau uniquement au lieu de domicile ou au lieu de naissance, il n'y a plus besoin de multiplier les démarches.

Ce n'est pas tout, la publicité doit porter sur l'objet même sur lequel on voudrait contracter, et cela d'une manière directe et non oblique. Par exemple, il s'agit de savoir si un immeuble est grevé. Dans un régime hypothécaire bien constitué, on va s'adresser au bureau de la situation de l'immeuble et là le conservateur n'aura qu'à consulter le feuillet qui y est consacré et à en donner copie. Dans le nôtre, au contraire, c'est sur le contrat que la publicité porte directement. C'est lui qui est inscrit ou transcrit à sa date, et ce n'est que par un dépouillement ultérieur que le conservateur en fait mention. Où? Est-ce à la page de l'immeuble? Nullement, c'est à celle du propriétaire. Quelle anomalie! La publicité personnelle doit l'être sur le registre de la personne; celle réelle ou sur la chose doit être portée sur le registre de la chose. Quant à celle du contrat même, elle est inutile et cause des frais considérables. En d'autres termes, la publicité doit être topique.

Elle doit aussi être instantanée. A l'instant même de la création du droit, celui-ci doit être publié, et, par conséquent, opposable aux tiers. Il ne faut pas qu'il y ait un intervalle de raison, autant que possible, car, pendant ce temps, un autre droit pourrait devenir préférable. Il importe de chercher les moyens d'obtenir ce résultat, ce qui est assez difficile, mais non impossible; nous reviendrons sur ce point.

Avant même qu'un droit soit constaté, il est souvent utile de le livrer à la publicité pour le protéger avant sa naissance. La règle *infans conceptus* s'applique aux droits eux-mêmes. On le peut en vertu de la loi positive, si elle permet une inscription préventive sous le nom de prénotation. Ce procédé est inconnu du droit français.

Pour obéir au principe de publicité, il faut qu'un droit devenu public ne puisse cesser d'exister au regard des tiers que lorsque se produit une publicité en sens contraire, car autrement ceux-ci pourraient être trompés. C'est ainsi que, dans notre droit, la créance hypothécaire inscrite ne peut plus être valablement transportée après son paiement, même si la radiation n'est pas opérée. Le nouveau cessionnaire peut ainsi être facilement induit en erreur.

Les mesures de publicité sont d'ordre public et pour être pleinement assurées, doivent s'accomplir d'office et ne pas être laissées aux caprices des intéressés. C'est ainsi qu'à bon droit une loi française récente exige que les mentions à opérer en marge des actes de l'état civil soient faites ainsi. Dans le surplus de notre législation, au contraire, la procédure d'office est inconnue.

La publicité doit avoir une sanction complète, car autrement elle manque son but; celle qui est simplement prescrite ne suffit pas. Il faut que le droit non publié soit nul par là même vis-à-vis des tiers. Une loi française récente ordonne la mention du mariage en marge de l'acte de naissance, ce qui est très utile, mais même en l'absence de cette mention, le premier mariage reste valable, la sanction est incomplète.

Il faut enfin joindre à la sanction de nullité d'autres sanctions moins fortes, mais qui déterminent davantage dans le présent à agir, par exemple, les amendes contre l'officier public qui passe l'acte, et même contre les parties. C'est une sorte de peine préventive qui empêche l'emploi d'une peine répressive trop forte.

La publicité qui résulte de l'inscription sur le registre et qui est, pour ainsi dire, passive, doit se doubler au premier moment d'une publicité active, et celle-ci se diriger suivant les circonstances, soit contre une personne dénommée, soit contre tous les intéressés en bloc. Dans la plupart des cas, la publicité passive suffit, elle fait connaître aux tiers qui contracteront avec le même les droits préexistants, mais elle ne pourra forcer certains droits antérieurs à apparaître, surtout lorsqu'ils n'auront pas les mêmes auteurs. De là la procédure bien connue de la purge en droit français et celle provocatoire du droit allemand.

La publicité doit, dans l'intérêt du crédit, embrasser tous les objets qui ont une assiette assez fixe pour pouvoir être facilement retrouvés afin que le droit concédé sur eux puisse s'exercer; il en résulte que sa sphère est de plus en plus étendue dans l'évolution juridique; c'est ainsi que les navires, qui en avaient été exclus, y sont maintenant soumis en France, presque comme des immeubles.

La publicité doit se transporter comme l'objet lui-même et ne pas demeurer à un point éloigné de ceux qui ont intérêt à connaître. Par exemple, celle qui accompagne les diminutions de capacité d'une personne ne doit pas exister seulement sur le registre tenu à son premier domicile depuis cette époque, mais, en cas de changement de celui-ci, se reporter aux domiciles ultérieurs par un renvoi organisé par la loi.

Cependant il doit subsister un point fixe où cette publicité puisse toujours être retrouvée. Il s'agit d'une centralisation dans un certain sens. Les modifications de capacité, par exemple, seraient signalées non seulement aux domiciles successifs, mais aussi au lieu de naissance. C'est la source d'où les renseignements découleront vers chacune des localités utiles. Quant aux immeubles qui ne changent pas de domicile, cette règle est superflue.

La publicité par inscription sur le compte de la personne ou de la chose, objet du droit, ne suffit même pas; il importe qu'aucun acte inscrit antérieur auquel la modification se rapporte ne puisse paraître sans que mention de cette modification y soit faite. C'est ce que la législation positive édicte déjà souvent, mais pas d'une manière assez complète.

Il ne faut pas seulement que la publicité serve à se garantir contre les tiers, il est utile aussi qu'elle les encourage et les invite à traiter : c'est un second point de vue auquel nous allons nous placer tout à l'heure. Mais, en attendant, il importe, et il s'agit là d'une publicité intermédiaire, que l'actif soit rendu public comme le passif, de telle sorte que celui qui veut prêter connaisse non seulement l'état de son gage, mais aussi celui de la fortune générale de son futur débiteur. Il s'agit alors non plus de garantir l'acquéreur ou le créancier hypothécaire contre des droits en conflit, mais de favoriser le crédit.

Dans le même but, et pour que les affaires puissent être vite conclues, il importe de ne pas renvoyer le prêteur au bureau des hypothèques, ni l'inviter à se rendre à un bureau quelconque pour s'assurer qu'il n'y a pas de diminution de capacité, mais de pouvoir exhiber immédiatement l'état de sa personne et de ses biens. Pour y parvenir, il suffirait de pourvoir toute personne d'un livret individuel qui devrait être visé chaque année et qui indiquerait officiellement cet état. C'est une idée que nous ne pouvons qu'indiquer ici.

Tels sont les principes relatifs à la publicité défensive; plusieurs s'appliquent aussi à la publicité attractive; cependant celle-ci est astreinte à certaines règles spéciales.

Cette publicité doit se répandre dans un rayon suffisant pour que la plupart des intéressés à contracter en aient connaissance. Elle est souvent fictive et faite d'une manière trop locale. C'est ce qui arrive lorsqu'il s'agit de vendre une propriété d'une certaine importance. Il y a même des régions où elle est nulle, parce que l'habitude est dans ce sens, et l'on se contente d'une publicité sourde. La publicité doit être amplifiée jusqu'au point nécessaire.

Elle ne devrait pas être coûteuse, et elle se réduirait, lorsqu'il s'agit de mineurs ou autres incapables, au bon marché le plus grand. Son extension est souvent excessive.

Il ne faut pas non plus qu'elle soit trop éparse, on devra la centraliser, de telle sorte que les personnes qui veulent faire un genre d'opérations puissent facilement trouver leur contrepartie, et dans ce but il existerait pour chacune des valeurs un marché d'accès facile. Il y en a déjà un, mais pour certaines de ces valeurs seulement, sous le nom de Bourse, mais il fait défaut surtout en ce qui concerne les personnes. Pour ne citer qu'un exemple, lorsqu'il s'agit de conclure un mariage, il n'existe directement aucun moyen pour les futurs, ou même pour les familles, de se connaître. Elles ne peuvent le faire que dans un petit rayon et par des entremises difficiles. Les agences matrimoniales ont été discréditées à bon droit; cependant il est fâcheux que rien ne puisse jusqu'à présent en remplir le rôle.

Un marché large et bien situé ne suffit pas, même avec la publicité antérieure; il faut aussi des intermédiaires ou des mandataires qu'on puisse charger en sécurité. Ce sont leurs pourparlers qui produisent une autre publicité, mais très effective. La société doit en mettre dans ce but un certain nombre à la disposition du public et ce secours ne doit manquer dans aucune affaire.

Tels sont les principes généraux des deux sortes de publicité; celle défensive et celle attractive. Nous n'avons énoncé que les essentiels; ils suffiront pour nous guider.

2° DIVERSES SORTES DE PUBLICITÉ ET LEUR RÉALISATION.

Nous devons maintenant rechercher 'es diverses sortes de publicité, avec leurs effets logiques, et les classifier suivant différents points de vue. C'est cette classification nette qui nous les fera comprendre le plus sensiblement par les ressemblances et les différences.

A. — Publicité défensive.

Cette publicité est susceptible de plusieurs classements, suivant que l'on considère l'objet du droit, les personnes auxquelles il peut devenir opposable, la date de son accomplissement, etc.

N'oublions pas que la formule consacrée que la publicité a pour but de rendre opposable un droit réel aux tiers, parce que ce droit est précisément dirigé contre eux, qui en sont pour ainsi dire le sujet passif, est inexacte. Les tiers doivent respecter sans publicité tous les droits, ceux réels et même ceux personnels, parce qu'ils dépendent de la Société qui précisément les sanctionne. La réalité est que la publicité règle le conflit entre les droits, soit réels, soit même personnels dans certains cas; c'est celui rendu public qui a la préférence sur l'autre. La vraie formule est donc : la publicité règle le conflit entre plusieurs droits.

D'après cette définition plus large et que nous croyons exacte, il n'y a même pas besoin de la présence de tiers pour que la publicité entre en jeu comme régulatrice. Lorsqu'un acte vient à être passé sans autorisation par un interdit dans un intervalle lucide ou par une personne pourvue d'un conseil judiciaire, la loi peut faire dépendre la validité ou l'invalidité de l'acte de la publicité déjà donnée ou non donnée au jugement d'interdiction; elle peut, au contraire, ordonner cette publicité sans cette sanction. Dans le premier cas, la publicité réglera le conflit du droit de ce contractant et de celui de l'interdit à la rescision. Il en pourrait être ainsi entre un auteur et un successeur universel, par exemple, la femme mariée et la communauté pour les dettes contractées avant le mariage.

a) *Publicité relative à la chose, à la personne ou au patrimoine.* — La publicité relative aux choses, objets du droit, est d'usage courant et constitue le droit hypothécaire; il n'en est pas de même de celle relative aux personnes et au patrimoine; il n'en a longtemps existé aucune. Même en ce qui concerne les choses, la publicité est encore aujourd'hui très défective. Son règne est loin d'être complet.

D'ailleurs, quels sont, dans la personne, dans la chose, dans le patrimoine, les éléments divers, et quels sont ceux qui doivent être protégés par la publicité?

La publicité relative aux choses doit d'abord être complétée, et quoique nous ne puissions pas l'intégrer ici en détail, il importe de l'établir brièvement.

Parmi les choses, le droit actuel ne soumet, en général, à la publicité que les seuls immeubles. On est parti de l'idée hypothécaire essentielle, on a considéré que l'immeuble seul est assez stable pour servir de gage proprement dit. On a étendu ensuite cette idée à la transmission même de l'objet et on n'a soumis à la publicité que celle des immeubles. Mais les choses comprennent d'autres catégories pouvant servir d'assiette fixe au gage, et se transmettre sans tradition par une convention valable vis-à-vis des tiers au moyen de la publicité.

Quels sont donc les choses, objets du droit?

Elles se divisent en deux catégories : 1° les valeurs courantes et fongibles, meubles meublants, marchandises, numéraire, titres au porteur, titres transmissibles par endossement, lesquels sont courantes, vagabondes, et par conséquent, ne peuvent être soumises à la publicité pour leur translation, ni non plus pour être grevées ou mises en gage; 2° et les valeurs fixes, les seules qui doivent nous occuper ici.

Les valeurs fixes comprennent : A. Les immeubles, savoir: 1° les immeubles proprement dits et par nature, terre, constructions, mines; 2° ceux par adhérence, c'est-à-dire les meubles ne faisant qu'un avec les précédents; 3° ceux par destination, instruments, bestiaux, engrais servant à l'exploitation agricole. B. Les meubles assimilables aux immeubles, savoir : 1° les marchandises déposées dans les magasins généraux; 2° les navires; 3° les offices ministériels; 4° les fonds de commerce; 5° les créances nominatives sur l'État, les sociétés ou les particuliers; 6° les actions nominatives dans les sociétés; 7° les brevets d'inventions et les œuvres littéraires, scientifiques ou artistiques.

Ces meubles assimilables ont toutes les qualités des immeubles, en ce qui concerne la nature fixe, et par conséquent, soit leur transmission, soit leur affectation peut, et par là-même, doit être soumise à la publicité. Elle est d'ailleurs déjà établie partiellement pour les navires, les marchandises enfermées dans les magasins généraux et même les créances, mais pour ces dernières elle est très imparfaite. Nous n'avons pas à insister davantage ici, ayant traité dans une monographie spéciale des meubles assimilables aux immeubles, nous indiquons seulement que la publicité devrait s'étendre à cette seconde catégorie tout entière.

La chose doit, d'ailleurs, comme élément du droit et son objet, faire apparaître, par la publicité, d'abord son existence, sa naissance et les différents éléments de sa vie. Voici un immeuble qui a été distrait du domaine public inaliénable où il dormait, et qui entre dans le commerce. Cette apparition doit être marquée. Il s'agit d'une terre n'appartenant encore à personne et que quelqu'un s'approprie pour la première fois, ce qui est fréquent dans certains pays ; cette naissance juridique de l'objet doit être notée aussi. Il ne suffira pas, du reste, d'indiquer la naissance ; il faudra constater l'identité, et pour cela décrire le terrain, l'orienter, le délimiter : c'est l'œuvre cadastrale, partout concomitante à l'œuvre foncière. On ouvre sur le registre un feuillet à l'immeuble ou au meuble assimilé ; c'est son acte de naissance.

La publicité devra le suivre ensuite à la fois dans sa vie matérielle et sa vie juridique. En ce qui concerne la première, l'objet même souvent en est modifié, il a ses changements physiologiques, pathologiques. Par exemple, une construction est démolie en tout ou en partie, ou au contraire, agrandie. Une créance périt par le paiement ou est détruite par l'insolvabilité, ce qui est son accident pathologique ; le navire fait naufrage ou a besoin de réparation ; ces faits de la vie physique doivent être publiés.

On doit publier aussi ceux de la vie juridique. Une hypothèque n'a plus de raison d'être, la créance étant remboursée ; on doit la radier. Qu'est-ce autre chose que de constater le décès juridique du droit hypothécaire? Ou elle est transportée à un tiers ; cette cession doit être annotée sur le registre. Il en est de même de la cession du navire ou de l'office ministériel. Dans tous ces cas, on suit le cours de l'existence juridique et on relate, après la naissance, les croissances, les décroissances, les transmissions et le décès du droit.

Le registre de publicité établit donc le *curriculum vitæ* concurremment et de la chose, objet du droit, et du droit sur cette chose, autrement dit, du fait et du droit relatifs à cette chose.

Ce n'est pas tout, la constatation publique, à ce double point de vue, de la chose aux diverses époques de sa vie et jusqu'à sa disparition, ne suffit pas, car elle n'indique au public qu'une partie de ce qui l'intéresse. Il importe aussi de connaître sa valeur, sa sécurité matérielle et juridique, qui n'est autre que la persistance probable de valeur. Que m'importe d'être certain que

tel immeuble ou cette autre chose sur lesquels je voudrais prêter existe, si j'ignore leur valeur ou si je la connais seulement
d'une manière trop incertaine, si je ne sais si cette valeur sera
conservée tant que je n'aurai pas été remboursé! C'est une des
grandes difficultés du crédit actuel, même hypothécaire, que
cette incertitude. La valeur est la qualité essentielle de la chose,
et cette valeur doit être durable.

Pour s'en assurer, il faut que le registre foncier constate
d'abord la valeur de fait de la chose objet du droit. Comment
pourra-t-il le faire? C'est ce que nous n'avons pas à rechercher
en ce moment. Les prix antérieurs d'acquisition, une expertise
actuelle, l'estimation dans des polices d'assurance pourront
servir de base; il en est de même, s'il s'agit d'immeubles, du
revenu cadastral revisé, et enfin de la capitalisation des prix des
baux. Ces éléments épars pourraient être réunis dans une estimation officielle qui serait inscrite. On aurait ainsi annoncé au
public la valeur du gage.

Mais cette valeur peut venir à disparaître en cas de perte ou
de détérioration par cas fortuit. Je prête sur une maison; celle-ci
peut être détruite par l'incendie; je n'aurai plus pour gage que le
sol. Il importe que cette maison soit assurée, et que cette assurance soit relatée sur le livre foncier.

A côté de la valeur de fait, il faut aussi connaître la valeur
juridique, c'est-à-dire savoir si l'objet ne souffre point de quelque
vice du côté du droit. La maison est bien assurée contre l'incendie
et j'ai tout lieu de croire qu'elle est solide; mais elle est viciée
juridiquement parce qu'elle est inaliénable ou qu'on ne peut la
grever. Elle appartient à une femme mariée sous le régime dotal.
Si je l'ignore, je vais être en péril. La maison se porte bien,
mais c'est mon droit sur elle qui se porte mal. Il faut que tous les
vices juridiques soient révélés par le livre foncier. Les vices de
la chose sont d'abord son indisponibilité, puis les restrictions de
disponibilité.

Enfin, on doit inscrire les diverses charges qui grèvent la chose,
les servitudes, les hypothèques, les actions résolutoires, l'usufruit; c'est même là le siège principal du régime de publicité.

Il en résulte le schème suivant:

Publicité sur la chose.

1° *Constatation* de la *situation et de la consistance matérielle* de cette chose (*œuvre cadastrale*) et de sa *situation juridique* : indication de son propriétaire (*œuvre foncière d'immatriculation*).

2° *État civil matériel et juridique* de la chose.

a) matériel : naissance, croissance, décroissance, décès.

b) juridique : création, transmission, extinction du droit sur la chose.

3° *Qualités et vices matériels et juridiques de la chose.*

a) matériels : estimation, assurance.

b) juridiques : disponibilité, propriété.

4° *charges grevant la chose* : servitudes, usufruit, hypothèques, gage.

Telle est la publicité relative aux choses, objets du droit.

La publicité sur les personnes doit s'établir de la même manière, mais d'abord cette publicité doit-elle être établie? Et quelles sont les diverses espèces de personnes?

La publicité relative aux personnes est de beaucoup en retard sur la première; et cependant la symétrie juridique n'exige-t-elle pas *a priori* que, si la chose objet du droit est soumise à la publicité, la personne objet du droit le soit aussi? Sans doute, mais cette symétrie n'a pas apparu, parce que la personne n'était pas classée comme objet du droit, mais comme son sujet passif. Dans le droit réel, dit-on, le droit existe contre la société; dans le droit personnel il existe contre une personne, mais dans tous les cas, il existe sur un objet, non sur une personne; or, l'objet d'un droit est seul soumis à la publicité, donc.... C'est encore une erreur de théorie. Dans tous les cas, droit réel ou droit personnel, le droit a pour sujet passif la société et tous ses membres qui doivent le respecter. Ce qui distingue le droit réel du droit personnel, c'est que le premier a pour objet direct une chose, et le second pour droit direct une personne ou le patrimoine. Personne aussi bien que chose, aussi bien que patrimoine, pouvant faire l'objet d'un droit, doivent être soumis à la publicité à ce titre.

Au point de vue pratique, il est d'ailleurs aussi utile d'appliquer la publicité à la personne qu'à la chose. Par exemple, si je veux prêter une somme, n'ai-je pas autant d'intérêt à savoir si mon emprunteur est capable de s'obliger, que d'apprendre si la chose qu'il m'offre en gage est disponible? Et si je l'ignore, est-ce que je n'encourrai pas un danger égal dans les deux cas? S'agit-il d'un mandataire, ne devrai-je pas, avant de traiter avec lui, rechercher si son mandat n'est pas révoqué, avec autant de soin que je dois

m'informer si une inscription qui me prime a été ou non radiée?
Je veux contracter mariage, et savoir d'abord si le futur n'est pas
déjà marié ; rien ne pouvait me l'indiquer d'une manière sûre,
la publicité étant jusqu'en ces derniers temps insuffisamment
organisée. Ce péril n'est-il pas plus grave que quand il s'agit des
intérêts pécuniaires? Du jour où l'on a eu conscience de la nécessité d'un régime hypothécaire concernant les choses, on aurait
dû l'avoir indirectement de celle d'un régime de publicité concernant les personnes. La situation est exactement la même. On
ne fait pourtant que commencer à s'en apercevoir.

Quelles sont les diverses catégories de personnes? A chacune
la publicité sera applicable.

De même que parmi les choses on n'a coutume de compter
surtout que les immeubles, de même parmi les personnes, jusqu'en ces derniers temps, le législateur ne s'occupait que de celles
physiques. Les codes contemporains, mais pas le nôtre, ont
tenté déjà de combler cette lacune, mais d'une manière
incomplète.

Il faut distinguer 1° les personnes physiques, 2° les personnes
morales, 3° les personnes qui vivent par représentation, 4° les
choses personnifiées.

Tout le monde sait en quoi se ressemblent et diffèrent les personnes physiques et les personnes morales.

Ces dernières comprennent les associations, les sociétés, la
communauté, l'indivision. Elles ont une personnalité distincte de
celle de chacun des associés, et aussi une vie indépendante, elles
leur survivent même très souvent. Il faut en distraire les sociétés
de capitaux que nous allons retrouver tout à l'heure dans la
classe des choses personnifiées. Ce n'est que lentement qu'on a
reconnu aux associations et aux sociétés la personnalité civile,
et qu'ainsi de nouvelles personnes se sont levées sur l'horizon du
droit.

L'intérêt qu'il y a à rendre public ce qui les concerne est
encore plus vif qu'en ce qui concerne les personnes physiques,
car leur puissance est plus grande, leurs actes plus dangereux,
et c'est plus de publicité qui permet de leur donner plus de
liberté. La personne morale agit juridiquement par un organe
spécial qui est son directeur.

A côté des personnes morales viennent se placer celles qui en
représentent d'autres; ce sont les préposés (mandataires habi-
tuels) ou les mandataires simples, ces derniers soit convention-

XXIX.   33

nels, soit légaux; parmi ceux-ci, se range le tuteur. Ces personnes ressemblent sous beaucoup de rapports au directeur d'une société. Elles ne peuvent agir que d'après certaines règles; après chaque action elles s'effacent et c'est le représenté qui en recueille l'effet. Il importe que l'acte primordial qui crée la représentation et celui qui l'éteint soient connus du public, sans quoi on s'expose à de graves inconvénients. Aujourd'hui en France, la révocation du mandat, par exemple, n'est soumise à aucune règle. On peut traiter avec un mandataire qui n'a plus de mandat et on doit en subir les graves conséquences. On n'a point songé à soumettre le mandat à une publicité qui est aussi nécessaire pourtant que la publicité hypothécaire.

Enfin une quatrième catégorie de personnes consiste dans les choses personnifiées. Au point de vue actif, on trouve un exemple frappant de cette personnification dans les servitudes prédiales. C'est alors l'immeuble dominant qui est le sujet du droit et qui est titulaire lui-même comme le serait la personne. Il en est de même dans le droit allemand en ce qui concerne le bon foncier, mais dans le sens inverse. La personne physique ne doit rien, c'est l'immeuble personnifié qui est seul débiteur. L'immeuble peut donc se personnifier soit comme sujet, soit comme objet du droit. Certains meubles fixes sont aussi passibles de personnification. Il en est ainsi du fonds de commerce, par exemple. Il se comporte comme une personne, est créancier et débiteur, paie et reçoit, s'engage particulièrement; de même chaque maison de commerce, chaque succursale a son individualité propre. Enfin le navire a aussi ses créances, ses dettes, ses contrats, ses mandataires, indépendamment du patrimoine général de ses propriétaires. Ces personnes personnifiées se gèrent comme des sortes de sociétés; nous verrons un peu plus loin qu'elles possèdent aussi un patrimoine.

Telles sont les diverses catégories de personnes; on voit qu'elles sont nombreuses, ainsi que celles des choses.

Quels sont les éléments de ces diverses personnes qu'il importe de mettre en lumière par la publicité?

Ici nous retrouverons une grande symétrie avec ce que nous avons observé pour les choses.

On doit d'abord établir la consistance et l'identité exacte de la personne; cette identité est surtout généalogique. Il ne suffit pas qu'un acte de l'état civil constate la naissance; l'enfant né n'est ainsi relié qu'à son père et à sa mère, mais là ne sont pas tous ses tenants et aboutissants. Il faut qu'il le soit à ses propres enfants, à sa femme, pour le mentionner en marge de son acte de naissance, de son mariage, de la naissance de chacun de ses enfants légitimes, de la reconnaissance ou de la légitimation de chacun de ses enfants naturels. Autrement il ne se trouve pas nettement situé sur les coordonnées familiales. On doit aussi, pour le préciser, indiquer son domicile et même ses domiciles successifs; cela correspond à ce qu'est la situation topographique pour les choses à assiette fixe.

Au point de vue pratique, ce processus semble encore plus nécessaire qu'au point de vue juridique. Il est bien utile qu'on puisse reconstituer à tout instant la famille généalogique, quand ce ne serait que dans le but de retrouver la transmission des successions. Autrement on se heurte à de grandes difficultés. Comment celui qui revendique une hérédité peut-il constater qu'il est le seul ayant droit? Cela est très difficile dans l'état actuel. Rien ne serait plus facile, si l'on pouvait, grâce à ces précautions, retrouver, presque sans recherches, toute la généalogie.

On pourrait peut-être même, au point de vue de l'identité non plus juridique, mais physique, ajouter les renseignements anthropométriques et ceux photographiques. Pour les premiers, on se trouverait à même d'obtenir, le cas échéant, l'identification exacte de la personnalité matérielle au point de vue criminel, par la seconde, de la corroborer, et il nous semble que c'est se tenir au-dessous de la science moderne, que de ne pas obtenir, au moins, la seconde de ces indications. Pourquoi n'exigerait-on pas la photographie à un certain âge, celui du tirage au sort, par exemple, renouvelable à un âge ultérieur, pour la joindre à l'acte de naissance sur le registre?

Après la constatation de l'identité personnelle, tant physique, que généalogique, se place celle de l'état civil, suivant les époques d'évolution, soit matériel, naissance, croissance, décroissance, mort; soit juridique, création, transmission, extinction des droits sur la personne. Dans le premier ordre d'idées, il s'agit des actes de l'état civil établissant la naissance, le mariage, le décès, bien connus. Seulement, ces actes, au lieu d'être portés seulement à la date courante sur les divers registres, devraient, en outre, être mentionnés sur les actes précédents, d'où résulterait au complet le *curriculum vitæ*. Quant à la vie juridique de la personne, il importe de relater les faits qui entraînent ultérieurement le transfert ou la perte de la personnalité, par exemple, dans le droit ancien, l'esclavage.

Mais ce qui importe surtout, c'est la constatation des faits qui augmentent ou diminuent l'intensité de la personnalité. L'existence de celle-ci ne suffit pas, il faut savoir encore, comme lorsqu'il s'agissait de la chose, quelle en est la valeur.

Il s'agit à la fois de la valeur matérielle et de la valeur juridique.

La valeur matérielle, morale aussi, si l'on veut, mais non juridique, consiste dans le degré de capacité et de dignité de la personne. La dignité s'apprécie, d'un côté, par les récompenses reçues, d'autre côté, par les peines subies. En ce qui concerne les premières, pas de difficultés; il sera toujours utile de savoir que telle personne jouit d'un diplôme constatant tel grade d'instruction, qu'elle a reçu telle récompense honorifique, soit pour un sauvetage, soit pour son honorabilité générale. Ce qui concerne l'existence ou l'absence de peines est controversé; nous examinerons plus loin cette controverse. Dans tous les cas, le casier judiciaire est certainement utile à connaître, au moins, au profit des tiers. Il indique la valeur morale, s'il est négatif, et forme un élément de la valeur individuelle.

Mais la valeur de fait peut être aussi pécuniaire, il s'agit alors notamment de l'assurance sur la vie. Je veux prêter à une personne, et elle n'a pas de gage à offrir; jusqu'à quel point pourra-t-elle m'offrir sûreté? Cela dépendra beaucoup de sa capacité et de sa dignité, sans doute, mais la mort peut venir interrompre le cours de sa bonne volonté. Cet obstacle peut être détruit; il suffit pour cela qu'elle ait contracté une assurance sur la vie. Dans ce cas, elle pourra donner en gage sa propre personne.

L'identité de la personne et sa filiation, d'autre part sa valeur étant fixées, il importera de savoir, quant à celle-ci, encore, si elle n'est point diminuée par quelque vice. Ce qui pour les choses constitue l'indisponibilité, pour les personnes forme l'incapacité. Il s'agit de rechercher si la personne, objet du droit, n'est pas incapable soit d'une manière totale, soit dans certaines limites. Par exemple, elle est mineure, pourvue d'un conseil judiciaire ou interdite. Qui le sait? Nul, actuellement. Il faut l'apprendre et par un moyen facile. Toutes les déchéances, toutes les incapacités doivent être connues par un procédé topique, accessible aux tiers, de telle sorte qu'ils n'aient point à craindre de co côté; nous verrons quelles applications partielles ont été faites de ce principe; il en faudrait une application totale, et en outre, substituer une publicité topique à celle qui ne l'est pas. C'est là en matière de personne, la publicité la plus importante.

Enfin, la publicité doit révéler les charges dont la personne est grevée, de même qu'elle révèle les charges réelles qui pèsent sur les choses. Elles sont nombreuses; le mariage grève la personnalité non seulement de la femme, mais aussi du mari; de même l'adoption grève le droit du père véritable. A son tour le veuvage, l'émancipation dégrèvent juridiquement. Les charges sur les personnes peuvent être assimilées à celles hypothécaires sur les biens. Chaque affectation et chaque dégrèvement doivent être notés avec soin et aussitôt que possible sur le registre de publicité.

Telle est ou plutôt telle serait la publicité relative à la personne, car on est loin de sa réalisation, et cette réalisation absolue et immédiate pourrait être excessive, mais il faut poser les principes.

Le schéma, correspondant à celui que nous avons établi pour les choses, est le suivant.

Publicité sur la personne.

1° Constatation de la *situation et de la consistance matérielles* de la personne (état familial correspondant à l'état cadastral) et de sa *situation juridique* et généalogique.

2° *État civil, matériel et juridique* de la personne.

a). *Matériel :* naissance, mariage, décès.

b). *Juridique :* formation, transmission, extinction du droit sur la personne.

3° *Qualités et vices matériels et juridiques* de la personne.

a). *Matérielles :* assurances sur la vie et contre les accidents.

b). *Morales :* condamnations judiciaires, décorations et récompenses.

c). *Juridiques :* incapacité, minorité, mariage, interdiction, extranéité.

4° *Charges grevant* la personne, le mariage.

Nous n'avons envisagé jusqu'ici que la personne naturelle pour plus de simplicité; mais les mêmes catégories s'établissent pour la personne morale, la personne représentée et la chose personnifiée.

En ce qui concerne la première, toutes les législations qui établissent nettement la personnalité civile des associations ou des sociétés exigent que leur constitution soit rendue publique : c'est la publicité de l'acte de naissance. Le nouveau Code civil allemand contient des dispositions très détaillées à cet égard. Cette inscription doit fournir tous les renseignements essentiels qui résultent des statuts, ce qui formera comme les tenants et aboutissants, par exemple le but de l'association, les pouvoirs donnés à l'administrateur, les conditions de validité des délibérations, les modes de dissolution.

Ensuite, on doit établir la vie de cette personnalité civile depuis sa naissance jusqu'à son décès, *mutatis mutandis*, c'est-à-dire avec les différences que sa qualité de personne morale comporte, d'abord au point de vue de sa matérialité fictive, sa naissance, son mariage, c'est-à-dire sa fusion avec d'autres sociétés, sa dissolution équivalant à son décès et sa liquidation équivalant au partage posthume; puis, au point de vue juridique, la création, la transmission et l'extinction d'un droit sur elle, d'un droit de sociétaire.

Ce n'est pas tout, on doit indiquer encore ses qualités et ses vices. Les premières consistent dans sa valeur et la perpétuité de cette valeur. La valeur est celle des apports et aussi celle résultant des bilans annuels; la perpétuité consiste dans l'assurance de cette valeur faite par la société.

Enfin il s'agit de connaître les charges sociales. Elles consistent non dans les obligations contractées par la société, car celles-ci pèsent plutôt sur son patrimoine, mais dans les restitutions d'apports qu'elle doit et qui la grèvent directement.

Tout ce qui vient d'être dit concernant les associations et les sociétés s'applique aussi aux communautés de biens.

Quant aux personnes représentées, il y a lieu de rendre publiques : 1° la constitution de cette représentation, avec tous les détails nécessaires pour la faire bien connaître; cela est nécessaire surtout pour la représentation légale, notamment la tutelle, la curatelle, etc.; quant à l'interdiction elle-même et les autres causes d'incapacité, il en a été traité à propos de la personne physique; 2° la vie ultérieure de cette représentation jusqu'à sa fin, par conséquent, les modifications et l'extinction du mandat; 3° ses qualités et ses vices, ses restrictions, en particulier, l'interdiction de substituer, etc.; 4° enfin les charges qui peuvent grever le mandat, notamment celles d'accomplir un acte au profit d'un tiers; celles de l'exécution testamentaire rentrent dans cet ordre d'idées.

Enfin les choses personnifiées sont aussi soumises à la publicité sur tous ces points. Le fonds de commerce notamment devra être inscrit lors de sa constitution et avoir ainsi son acte de naissance. Ce dernier sera suivi d'actes de modifications ou d'actes de décès; au point de vue, non plus du fait, mais juridique, il y aura lieu d'inscrire sa cession ou sa perte par la faillite, à moins qu'il ne soit vendu par la masse. On notera aussi sa valeur et ses vices, tant de fait que juridique, par exemple, son indisponibilité. Enfin une dernière colonne sera ouverte aux charges qui peuvent le grever, notamment à celles hypothécaires dans les systèmes qui le rendent passible d'hypothèques.

Publicité sur le patrimoine.

A son tour, le patrimoine est un troisième objet du droit qui doit être soumis à la publicité répulsive comme les autres. Le patrimoine est, comme nous l'avons dit, un moyen terme entre la personne et la chose. Il se compose de choses, mais suit la personne et constitue une universalité de droit. Il naît, se transmet et meurt avec la personne, mais il survit quelque temps à celle-ci et quelquefois aussi s'en détache de son vivant. Cet objet du droit, avait été bien mis en relief par les Romains et depuis a été quelque peu méconnu. On le confond généralement avec la personne. On appelle droit réel celui qui se rapporte à une chose, et droit personnel celui qui a trait soit à la personne, soit au patrimoine. Il y a pourtant entre les deux un grand écart. Le mariage, par exemple, établit un droit sur la personne; de même la puissance paternelle, et dans une certaine mesure, la tutelle. Au contraire, la créance alimentaire est un droit qui ne porte ni sur un corps certain, ni sur la personne elle-même, mais sur l'ensemble des biens dans leur universalité, c'est-à-dire, sur le patrimoine. Il en est de même du droit qui résulte d'une obligation, au moins, dans l'état actuel de la législation, car, dans le droit romain ancien, il portait sur la personne, soit par l'exécution de la règle *aut in ære, aut in cute*, soit par la réduction en esclavage; mais depuis, il se réduit en saisie et vente des biens, de droit sur la personne, qu'il était, est devenu droit sur le patrimoine. L'obligation de livrer un corps certain, lorsqu'elle n'entraîne par translation de propriété, y aboutit aussi. Tout le droit des obligations aboutit à un droit non sur la chose, ni sur la personne, mais sur le patrimoine, c'est-à-dire sur l'universalité des biens.

Tandis que le droit sur la personne et celui sur la chose donnent à la fois une préférence exclusive sur l'objet, et même un droit de suite brisant toute transmission postérieure, le droit sur le patrimoine ne crée pas de droit de suite et n'empêche pas le débiteur de transporter ou de grever individuellement chacun des biens, ni même souvent de droit de préférence. Tous les ayants droit sur le patrimoine viennent au marc le franc entre eux sur chacun des éléments qui le composent. Il y a cependant des exceptions; c'est ainsi qu'en France la saisie-arrêt validée donne un droit équivalant à privilège, et que, dans d'autres législations, le poursuivant est privilégié.

En outre, le droit français crée pour des créances minimes (art. 2101) des privilèges généraux sur l'ensemble du patrimoine, primant même des hypothèques, et certaines législations étrangères établissent au profit de la femme mariée et des mineurs un privilège sur le patrimoine.

Mais, sauf ces cas particuliers, le patrimoine ne sert pas de gage conventionnel. On ne peut déroger par contrat à la règle du concours proportionnel, hypothéquer sur l'ensemble de ses biens le résidu de ce qui restera après le payement des hypothèques. Tous viennent au marc le franc, et les législations positives n'exigent pas que, pour obtenir ce concours, on ait rendu publics ses droits. Nous verrons que le patrimoine, avec des effets plus ou moins complets, devrait être soumis à la publicité, comme la personne et la chose.

De même qu'il y a diverses personnes, celle physique, celle morale, celle simplement personnifiée; de même il y a divers patrimoines, celui de la personne physique, celui de la personne morale, etc. Occupons-nous d'abord du patrimoine de la personne physique.

La publicité doit marquer : 1° la consistance de ce patrimoine; 2° sa vie; 3° sa valeur et ses défauts; 4° ses charges.

Mais tout d'abord il existe pour la personne physique plusieurs sortes de patrimoines. Il faut distinguer celui d'un homme vivant, celui d'un homme mort, celui d'un homme dont l'existence est incertaine, qui est absent.

Le patrimoine d'un homme vivant commence à sa naissance et se termine à son décès, du moins en potentiel, car son imporlance peut être nulle; cependant, il peut mourir, de son vivant même, au moyen de la déclaration de faillite, non suivie de concordat. Il finit aussi par la saisie suivie de déconfiture. Il se transporte par la donation contenant partage, et par la mise en commun dans la communauté matrimoniale ou la société de tous biens.

Le patrimoine d'un homme mort est la masse héréditaire de sa succession, il prend fin par le partage.

Le patrimoine d'un homme dont l'existence est douteuse commence à être tel par la présomption d'absence et disparaît par l'envoi en possession définitive.

Tel est le patrimoine général des personnes physiques. Quels droits peut-on acquérir sur lui?

On peut devenir acquéreur ou cessionnaire de ce patrimoine, surtout de celui d'un homme mort, d'une succession; on peut aussi avoir des droits de créance contre la masse, même celle des biens d'un homme vivant, c'est ce qui arrive tous les jours lorsque celui-ci se déclare débiteur. Alors ce n'est pas sa personne, mais tous ses biens qui deviennent obligés. On peut obtenir sur cet ensemble un droit de préférence, ou n'avoir qu'un droit de concours.

La publicité devra s'appliquer au patrimoine, comme aux choses ou aux personnes; il s'agira seulement de savoir si elle doit procurer un droit de préférence en cas de stipulation, ou si elle est incapable d'avoir ce résultat.

En théorie, pas de doute. Pourquoi ne pourrait-on pas donner en gage à l'un de ses créanciers l'ensemble de ses biens, à condition d'inscrire ce gage sur un registre, et sauf à respecter les hypothèques qu'on inscrirait ultérieurement sur chacun des biens particuliers, par conséquent, hypothéquer ainsi le résidu, le boni?

Il y aura donc lieu de publier quant au patrimoine : 1° sa consistance; 2° son existence successive; 3° sa valeur, c'est-à-dire ses qualités et ses vices; 4° les charges qui le grèvent.

La désignation de la consistance et de la valeur n'auront d'importance réelle que lorsqu'il s'agira du patrimoine d'un homme mort ou d'un homme absent; il en sera de même de la vie successive; mais l'indication des charges qui le grèvent est utile pour toutes sortes de patrimoines.

Prenons pour exemple la succession, une des formes de patrimoine, où celui-ci se dégage le mieux. Au point de vue de la consistance, il s'agit de la publication du dépouillement de l'inventaire. A celui de la vie juridique, il faudra inscrire les noms de tous les héritiers, leurs acceptations bénéficiaires, leurs renon-ciations, les cessions de parts, les retraits, les principaux inci-dents et faits de liquidation, enfin le partage. Quant aux vices, il faut relever les fraudes ou les atteintes à la réserve, etc. Enfin la constatation des charges consiste dans l'établissement et la publication du passif.

C'est ce dernier point qui est le plus important. Ce qui grève le patrimoine, ce sont toutes les dettes chirographaires. Aujour-d'hui, pour elles, il est vrai, la publicité est nulle, mais ce prin-cipe est gros de dangers et pourrait être aboli. Les sociétés publient bien leur bilan, pourquoi les individus ne publieraient-ils pas le leur?

Il existerait donc à côté du registre de publicité des choses, celui des personnes et celui des patrimoines. On connaîtrait la valeur de tous ces éléments de droits, on ne contracterait qu'à coup sûr. La publicité et les droits préférables sur le patrimoine sont tout entiers à créer.

Mais ce n'est pas la personne physique seule qui possède un patrimoine; celui-ci appartient aussi aux autres personnes ci-dessus décrites.

D'abord aux personnes morales; et c'est même un patrimoine fort important; celui des associations et sociétés. La personne d'ailleurs s'y efface davantage, et le patrimoine apparaît en première ligne. Il consiste dans tous les biens de la société. Tandis que la consistance de celui de la personne civile est rarement publiée, les personnes morales publient, au contraire, souvent et périodiquement, la leur dans leur propre intérêt, actif et passif. Lorsque la société est seulement de capitaux, les dettes ne grèvent pas en réalité la personne morale, mais seu-lement son patrimoine.

De même, la chose personnifiée a aussi un patrimoine, par exemple, le fonds de commerce, le navire, etc., qui possèdent leur actif et leur passif distincts. Ce que l'on nomme impropre-ment la dette de la personne est plutôt celle du patrimoine lui-même, et quelquefois de lui seul.

La publicité, en ce qui concerne le patrimoine de la personne physique, est presque tout entière à créer; au contraire, il en existe d'importantes amorces quand il s'agit de la personne morale.

Tels sont ou tels devraient être logiquement les objets du droit à frapper de publicité.

b) *Absence de publicité, publicité relative, publicité absolue.*
— La publicité peut être plus ou moins complète et même nulle ;
aussi ses effets sont plus ou moins absolus.

Tout d'abord, la publicité peut être nulle ; c'est ce qui existait
en droit romain pour la constitution d'hypothèques ; c'est ce qui
eut lieu chez nous de 1804 à 1855 pour la transmission de la
propriété, c'est ce qui subsiste en grande partie pour les droits
sur la personne.

Sous ce régime occulte a *priori*, il semble que les droits com-
patibles entre eux doivent s'exercer en concours, c'est-à-dire, au
marc le franc, par exemple, deux hypothèques non inscrites,
quelle que soit leur date, et que des droits incompatibles, ceux
de translation de pleine propriété, doivent suivre la date indiquée
dans l'acte, qu'enfin, s'il s'agit de capacité, il faut suivre la même
règle.

Cependant, même dans le régime occulte, ce principe souvent
ne fut pas suivi. On s'occupa, non pas de la seule date, mais
de la date certaine, et elle servit de règle pour décerner la
préférence. C'est ainsi qu'entre deux acquéreurs celui qui avait
un contrat de vente ayant date certaine fut le seul propriétaire ;
c'est ainsi que sous le régime occulte des hypothèques en droit
romain, c'est le contrat le plus ancien (et la date certaine n'était
pas toujours exigée) qui l'emporta.

Ce régime a généralement disparu quand il ne s'agit pas de tiers
proprement dit, et pourtant n'oublions pas qu'il a régné chez
nous pendant longtemps, de 1804 à 1855, en matière de vente ;
mais il est remplacé par le régime de publicité relative. Cependant il domine encore, quand il s'agit de personnes autres que
les tiers proprement dits. Tout d'abord, quand il s'agit des créanciers chirographaires de la femme plus tard mariée, leurs créances
ne sont opposables au mari que si elles ont date certaine avant
le mariage, cela est nécessaire et suffit. En matière d'incapacité
personnelle, lorsqu'un capable devient incapable, par exemple,
interdit, l'obligation lui est opposable, si elle a date certaine
avant son interdiction ; cependant ce dernier point est contesté
en législation, et la date suffit alors souvent sans avoir besoin
d'être certaine. Enfin, dans l'action Paulienne, les créanciers antérieurs à l'acte attaqué ont seuls qualité pour agir, et l'on pourrait contester la date de leur créance que rien ne viendrait cer-
tifier.

Nous n'avons pas à établir ici de quelle manière le droit peut avoir une date certaine. Ce point varie suivant les pays; en général, on emploie dans ce but la relation sur un registre, mais ce registre n'est pas public; il ne s'agit donc pas ici d'une publicité même atténuée, mais d'une non-publicité organique.

Le second régime, qui, plus ou moins complet, régit presque tous les peuples civilisés, est celui de la publicité relative. Elle l'est en ce sens que ses effets ne s'étendent pas à tous les tiers, mais seulement à ceux qui tiennent leurs droits d'un auteur commun. Primus vend successivement à Secundus et à Tertius. Lequel de ceux-ci sera préféré? Ce sera celui qui aura fait transcrire le premier son contrat. Primus hypothèque son immeuble à Secundus et à Tertius. Lequel de ces créanciers hypothécaires viendra avant l'autre, ou concourront-ils? Ils ne concourront pas, mais celui qui aura inscrit le premier sera totalement préféré au second. Primus épouse successivement Secunda et Tertia? Laquelle des deux épouses sera légitime? Dans un système qui n'a pas encore été appliqué, mais qui serait très logique, celle qui, la première, a fait inscrire l'acte de mariage. Primus emprunte successivement 50 000 francs à Secundus et 50 000 à Tertius sans conférer d'hypothèque ni à l'un, ni à l'autre. Il ..s un système non appliqué, mais très logique, celui qui le premier ferait inscrire sa créance aurait préférence contre l'autre sur l'ensemble du patrimoine. Primus, interdit, a signé une obligation au profit de Secundus. Cette obligation sera-t-elle valable? Oui, si elle a été signée avant l'interdiction. Comment le saura-t-on? Par l'inscription qui aura dû en être faite avant cette époque.

Telle est la sphère générale et très étendue d'application; mais en la fixant ainsi, nous avons raisonné en théorie; si nous descendons dans la législation positive, nous trouvons que cette publicité n'est pas complète et qu'elle subit la persistance de réserves au profit du système d'occultation, puisqu'elle ne s'applique qu'aux tiers proprement dits et non aux ayants cause. Il y a là deux illogismes flagrants qu'il est utile de démontrer.

Cette publicité subit de nombreuses exceptions. Il faut citer en France l'hypothèque légale dispensée d'inscription au profit de la femme mariée et du mineur, le retour conventionnel, les divers retraits, les actions en révocation de donation, celles en nullité pour lésion, vices du consentement, incapacité, le bail de moins de dix-huit ans (autrefois, avant la loi de 1855, il en était de même de l'action résolutoire du vendeur), enfin l'extinction d'un droit hypothécaire.

D'autre part, la publicité ne s'applique ni au patrimoine, ni, en général, à la capacité ou à l'état des parties, sauf des exceptions récentes. C'est ainsi que ni la transmission héréditaire, ni le partage ne sont soumis à l'inscription.

Ce n'est pas tout; même lorsque la publicité est exigée, elle est souvent rétroactive, ce qui est contradictoire. C'est ainsi que le copartageant peut inscrire son privilège pendant 60 jours en cas de non revente, pendant 45 jours en cas de revente avec effet rétroactif; de son côté, le vendeur a 45 jours pour se faire inscrire aussi, malgré toute revente, avec le même effet. La même rétroactivité est accordée à la séparation des patrimoines, elle est destructive de la publicité par définition même. Le privilège de l'État sur les biens des comptables est rétroactif aussi.

Ces exceptions devraient être détruites, aucune réserve ne devrait exister au profit du système de l'occultation en ce qui concerne les choses. Pour les personnes et le patrimoine, ce système, loin d'être une exception est la règle; le régime de publicité n'y est encore que sporadique.

Ce n'est pas de ce côté seulement que le principe de publicité est limité, d'une manière, pour ainsi dire, externe, mais aussi du dedans par la définition si importante du mot *tiers*.

Les tiers sont ceux à qui un droit inscrit est opposable en vertu du principe de publicité. Il y a lieu d'en déduire tout d'abord, et la classe est nombreuse, tous ceux qui sont dispensés eux-mêmes de faire inscrire leurs droits. En vain l'acquéreur fait-il transcrire son contrat, et prend-il la liste de tous ceux inscrits avant lui. Il doit craindre beaucoup d'ayants droit non inscrits, mais dispensés d'inscription. S'il veut se mettre en règle avec eux, il faudra qu'il les appelle, quoique inconnus, par une procédure provocatoire, et alors il s'agit d'une purge qui rentre sous un principe différent que nous allons étudier bientôt. Restent les tiers obligés eux-mêmes d'inscrire leurs droits. Mais quels sont les tiers? Quels sont les ayants cause? Quels sont ceux qui ne sont ni tiers, ni ayants cause?

La délimitation entre les tiers et ceux qui même ne sont pas des tiers est facile. Sont considérés comme tiers, ceux qui tiennent leurs droits du même auteur, ou de l'auteur médial ou immédiat de cet auteur. Ainsi Primus vend à Secundus et à Tertius, successivement, et Secundus revend à Quartus, qui revend à son tour à Quintus. Le conflit peut s'élever entre Quintus et Tertius qui ne sont pas ayants cause du même auteur, mais qui se

rattachent au même point de départ primitif. Ils sont par conséquent tiers l'un par rapport à l'autre.

Sont, au contraire, considérés comme étrangers, et pas même
comme tiers dans le sens technique du mot, ceux dont les
droits ne s'appuient pas sur ceux d'un auteur commun ; par
exemple, Primus s'est emparé d'un immeuble , puis il a revendu
à Secundus, lequel a revendu à Tertius. Protos s'est emparé à son
tour du même immeuble, puis il l'a revendu à Deuteros qui
l'a revendu à Tritos. Il arrive que Tertius et Tritos se trouvent
en conflit. Vont-ils régler ce conflit par la date de la transcription soit de leur contrat, soit de celui de leurs auteurs? Nullement; ce ne sont pas des tiers, ce sont des étrangers, et la publicité n'a pas ici de prise; ce sera, selon les systèmes, la prescription ou l'immatriculation qui servira de régulateur.

Telle est la limite de ce côté; elle est plus difficile à placer
entre le tiers et l'ayant cause.

Le tiers est, dans le droit civil français, celui qui tient d'une
personne non un droit personnel, mais un droit réel, propriété,
servitude, hypothèque, etc. Si le droit n'est pas personnel, ou si
l'on est successeur universel, on n'est plus un tiers. et les actes
nous sont opposables sans condition de publicité. Voilà la classe
des tiers bien réduite.

Elle l'est encore plus au moyen de nombreuses exceptions qui
battent en brèche le critère. C'est ainsi qu'en matière de vente, le
Code français admet la définition du tiers telle que nous venons
de l'établir; par conséquent, sont tiers : 1° les autres acquéreurs
du vendeur, 2° ses créanciers hypothécaires, 3° ses concession-
naires d'usufruit ou d'autres droits réels; sont ayants cause :
1° ses héritiers, ou légataires universels, 2° ses créanciers chirographaires.

Mais le critère se déplace en matière de donation, la classe des
tiers s'y enrichit des créanciers chirographaires du donateur,
mais seulement après la transcription de la saisie ou lorsqu'ils
attaquent la donation comme faite en fraude de leurs droits.

De même en cas de substitution, le défaut de transcription peut
être invoqué par les créanciers chirographaires du grevé.

Suivant nous, ces critères sont inexacts; il n'est pas besoin
d'être soumis soi-même à l'inscription de son droit, ni d'invoquer
un droit réel pour opposer le défaut d'inscription et pour compter comme véritable tiers. En tout cas, le créancier chirogra-
phaire doit être considéré comme un tiers lorsqu'il a fait

transcrire sa saisie, ou l'héritier lorsqu'il a fait transcrire son acceptation bénéficiaire. Jusque-là ils sont des ayants cause.

Le troisième régime est celui de publicité, non plus relative, mais absolue ; elle rend le droit publié opposable à tous sans distinction, d'abord aux tiers inconnus qui avaient été dispensés de publier eux-mêmes leurs droits, mineurs, femmes mariées, etc., ou qui jouissent du droit de s'inscrire rétroactivement, et qui font brèche par exception au principe de publicité, puis à ceux qui ne sont pas des tiers, mais des étrangers, et sont situés au delà de la sphère de lumière où la publicité normale projette ses rayons.

Ainsi Primus vend à Secundus qui fait transcrire son contrat ; dès lors A, B, C, créanciers hypothécaires de Primus, s'ils ne l'ont déjà fait, ne peuvent plus faire inscrire, et la publicité défensive entraîne contre eux déchéance ; mais Primus est marié, sa femme a une hypothèque légale dispensée d'inscription ; ce qui est plus dangereux, il y a des femmes des vendeurs antérieurs qui jouissent du même privilège. La loi actuelle offre pourtant à Secundus un moyen de se mettre en garde ; il peut forcer ces créanciers occultes à apparaître au moyen d'une procédure spéciale, celle de la purge légale.

Les ayants droit occultes sont encore plus cachés ; il ne s'agit plus de personnes qu'on peut assez facilement découvrir, mais de vices qui peuvent longtemps se dissimuler, d'actions en nullité, de révocations ; ou bien voici un patrimoine en son entier et les créanciers sont nombreux. Comment faire? Dans tous ces cas les ayants droit sont inconnus de celui qui veut se mettre en règle, ils s'ignorent eux-mêmes, peut-être. Alors les législations germaniques ont créé une purge spéciale, plus puissante que celle que nous venons de décrire. C'est la procédure provocatoire.

Puis, les personnes en conflit ne vont avoir aucun lien entre elles, elles ne sont pas seulement tiers, mais étrangères les unes aux autres. Elles tiennent, par exemple, leur droit sur un immeuble d'auteurs différents. La publicité elle-même est impuissante. Dans le droit français actuel, ce qui réglera c'est l'usucapion. Celle qui aura possédé pendant plus de trente ans sera maintenue, mais souvent aucune ne peut invoquer la prescription trentenaire. Alors, point de solution directe, mais il existe une solution indirecte : celui qui a la possession annale actuelle est préféré, jusqu'à ce que le droit de propriété de l'autre soit établi par titre.

On pourrait, au lieu de cette solution indirecte, avoir un moyen direct; il consisterait à étendre le système de purge et de procédure provocatoire. Le propriétaire inscrit sommerait par insertions tous les ayants droit inconnus de se faire connaître dans un délai imparti, et ce délai expiré, le tribunal prononcerait la déchéance de leurs droits.

Ainsi, là où la publicité ne peut s'étendre, un principe nouveau apparaît, c'est celui d'immatriculation absolue de l'ayant droit après déchéance prononcée de tout autre ayant droit occulte, même étranger; c'est ce qu'on appelle de divers noms : système de légalité, ou de force probante, ou d'immatriculation. C'est la publicité renforcée contre les étrangers que la publicité simple ne pouvait atteindre. Dès qu'elle est admise, elle rend inutile la prescription acquisitive.

Comme presque toutes les institutions juridiques, elle n'a point eu à l'origine le but qu'elle a cherché définitivement. D'abord la propriété était indivise, collective, et ce n'est que lentement que la propriété privée a pu naître et d'abord à titre d'exception. L'État ne se désintéressait pas, et intervenait à nouveau à chaque changement de propriétaire. C'était lui qui confirmait la propriété ou le droit réel qui lui faisait préalablement retour. A l'origine même, il en était ainsi non seulement pour les immeubles, mais aussi pour les *res mancipi*, pour le testament *calatis comitiis* ou *per æs et libram* pour les obligations; c'était un système général. Ce système se reproduisit dans le régime féodal par l'investiture. Sans ce concours de la société, l'individu n'a pas le pouvoir de créer ni de transmettre un droit réel. La société, qui peut accorder, peut refuser.

Elle n'accordera que si les droits d'autrui ne sont pas lésés; aussi, avant de donner son consentement, elle conviera les tiers à faire opposition, puis elle jugera cette opposition. De là l'idée de la purge, de la procédure provocatoire. Si aucun tiers, aucun étranger n'apparaît, la société transfère la propriété. L'effet de de cette investiture est bien plus puissant que celui de la publicité, il est absolu; tous les autres droits se trouvent éliminés, d'où qu'ils viennent. Le propriétaire nouveau est définitivement immatriculé.

Peu à peu, le rôle de la société s'efface; elle n'a plus le droit de refuser arbitrairement, mais elle conserve toujours celui de le faire pour de justes motifs, elle vérifie la forme de l'acte, la capacité des parties. Le conservateur n'est pas un simple fonctionnaire, mais un magistrat. S'il s'agit d'une première transmission, il appelle préalablement tous les intéressés par une procédure préalable de purge; ensuite l'immeuble est acquis franc de tout droit; il en délivre un titre à l'abri de toute atteinte, et analogue à une inscription sur le grand-livre de la dette publique.

Tel est le régime de la légalité, il exclut désormais tout autre que l'inscrit, et procure un titre absolu.

Ne serait-il pas plus simple de substituer la publicité absolue à la publicité relative? Nous le croyons; ce principe est plus parfait, il supprime les lacunes de la publicité, mais son règne paraît encore éloigné.

C'est celui de l'act Torrens, et, sauf modification, celui qui est en vigueur chez les nations germaniques.

c) *Publicité sur l'objet même, sur le registre ou sur le titre.* La publicité répulsive peut avoir différentes assiettes, et par conséquent s'accomplir par différents moyens.

Le mode le plus ancien et rudimentaire consiste à rendre public le droit sur l'objet soit au moyen d'un signe mis sur lui, soit par sa possession. C'est ainsi que dans le droit hellénique, on fixait un poteau indicateur sur le champ hypothéqué, et qu'aujourd'hui on enferme la marchandise dans les magasins généraux; c'est ainsi que la transmission des meubles est rendue publique par leur tradition matérielle. On ne peut douter que le possesseur ne soit propriétaire; il est d'ailleurs légalement présumé l'être. De la même manière se constate le gage. Le droit du locateur sur les meubles du locataire est connu par la situation de ceux-ci dans les lieux loués. La possession et la tradition de l'objet sont encore les seuls moyens de publicité de la propriété et du gagement des meubles corporels.

Le second mode est l'inscription du droit sur un registre. L'objet matériel disparaît lui-même et, dans un régime hypothécaire bien fait c'est le registre qu'on possède, ce n'est plus la chose matérielle. Tantôt l'opération s'appelle inscription ou transcription s'il s'agit d'immeubles; tantôt elle s'appelle transfert, s'il s'agit de créances ou d'actions. Ce registre est public, on en délivre des extraits et tout le monde peut en prendre connaissance. Il forme le titre véritable, l'objet juridique.

Le registre n'opère pas seulement par lui-même, mais aussi par la copie qui en est délivrée aux parties; cette copie prend quelquefois le nom d'état. Ainsi le créancier reçoit le double de l'inscription faite sur le registre à son profit et, en outre, la mention de toutes celles qui peuvent le primer. De son côté, le débiteur peut obtenir un certificat attestant que ses biens ne sont pas grevés ou ne le sont pas au delà de telle somme. Enfin, il possède la copie de ses actes de l'état civil. Il peut même retirer copie de son casier judiciaire pour l'exhiber à l'occasion. La publicité du registre se trouve ainsi doublée.

Dans le même stade, la publicité peut même se trouver chez un tiers, c'est ce qui a lieu en matière de cession de créance ; on signifie cette cession au débiteur et c'est lui qui est chargé de renseigner le cessionnaire. Mais c'est une publicité hybride que nous avons blâmée ailleurs.

La troisième sorte de publicité s'accomplit par la tradition du titre, avec ou non signature, suivant qu'il s'agit d'un titre au porteur ou d'un titre endossable. Elle s'emploie plus souvent quand la créance est hypothécaire, mais est fréquente pour les effets de commerce et les valeurs de Bourse. Quelquefois elle se combine avec l'inscription sur le registre. Le droit se crée par cette inscription, puis devient indépendant et ne se transmet plus que par tradition ou par endos.

Cette combinaison de la publicité par inscription sur le registre et de celle par tradition du titre est très heureuse ; elle se complète par l'exhibition du titre dans l'intérêt de celui qui veut contracter. Mais il faut que ce titre fasse de temps en temps retour au bureau de publicité pour qu'on n'opère pas sur un titre trop ancien.

En ce qui concerne plus particulièrement la publicité personnelle, il est très utile que tout citoyen ait entre ses mains son titre de capacité pour qu'on puisse traiter avec lui rapidement et en sécurité. Nous ne pouvons entrer ici dans le détail de ce que son titre doit contenir.

Ainsi, l'objet est remplacé par le registre et le registre par le titre ou par le certificat.

d) Publicité antérieure, concomitante ou postérieure au droit. — La publicité peut s'accomplir à des moments bien différents. Il faut distinguer ici entre la date certaine, la publicité relative et la publicité absolue déjà définies.

Date certaine. — La date certaine est conférée, en même temps que le droit lui-même, dans deux cas : celui de l'acte notarié, et celui du testament, même sous seing privé, puisqu'il fait foi de sa date. Elle est conférée postérieurement lorsque l'acte sous seings privés reçoit date certaine par le décès d'une des parties ou par l'enregistrement.

Publicité relative. — La publicité concomitante est rare. Elle existe dans le mariage, lequel doit se célébrer publiquement à la mairie. Elle se trouve aussi dans la tradition d'un meuble ou d'un titre.

La publicité postérieure est celle de droit commun. Elle consiste dans l'inscription et la transcription sur un registre. C'est même le grand inconvénient de cette inscription. Il s'écoule un intervalle périlleux où le droit n'est pas opposable aux tiers, tandis que le procédé de remise de l'objet ou du titre a sur ce point une plus grande perfection.

Cependant, dans ces cas d'inscription ou de transcription, on a découvert un moyen de n'avoir plus une publicité postérieure au droit; on ne peut, il est vrai, la rendre concomitante, mais, ce qui est aussi profitable, on la rend antérieure.

Elle le devient dans deux cas, celui de l'ouverture de crédit et celui de l'hypothèque sur soi-même que nous allons examiner.

La publicité antérieure existe, en outre, dans les deux espèces de prénotations. Elle est très curieuse et peu connue; en France, nous ne possédons que le premier cas, l'ouverture de crédit.

En vertu de ce contrat, celui qui ouvre le crédit s'oblige à prêter au maximum une certaine somme au fur et à mesure des besoins de l'emprunteur; celui-ci peut ne se servir que de la moitié ou du quart de son crédit, il peut en tout cas tarder longtemps avant de l'épuiser. Le créancier fait inscrire avant de devenir créancier et l'hypothèque remontera au jour de l'ouverture, quelles que soient les dates des emprunts. Ce mécanisme est très commode.

Le procédé de l'hypothèque sur soi-même l'est plus encore, car la condition d'une ouverture de crédit n'est plus exigée. Le débiteur, non encore débiteur, se fait délivrer au bureau des hypothèques un titre de créance qui l'établira créancier sur lui-même; lorsqu'il aura besoin d'emprunter, il endossera le titre à son prêteur; la publicité est donc antérieure, et elle aura effet immédiat lors de l'emprunt.

Mais quelquefois le droit existait déjà, mais n'était pas reconnu encore lorsque la publicité se produit. C'est le cas de la prénotation.

La prénotation directe a lieu lorsque je suis propriétaire d'un objet, ou que j'ai un droit sur lui, mais qu'il m'est contesté. Un long temps peut s'écouler avant la fin du procès, et pendant ce temps l'objet peut être cédé ou grevé, d'où un grand danger. Je puis l'éviter en faisant prénoter mon droit au bureau de publicité ; si je triomphe, la garantie de mon droit remontera au jour de la publicité antérieure.

A côté de cette prénotation directe s'en trouve une autre indirecte. Je suis créancier, mais il me faut un long délai pour faire reconnaître en justice mon droit de créance. Si je l'avais pu tout de suite, ou je posséderais une hypothèque judiciaire, ou j'aurais exécuté. Hé bien ! avec la permission du juge, je prénoterai mon droit de créance au bureau de publicité, et j'obtiendrai, sous la condition de triompher ultérieurement, une garantie à partir de cette époque.

Publicité absolue. — Cette publicité est aussi antérieure, ou concomitante, ou postérieure au droit.

La publicité est antérieure dans les publications précédant le mariage ; le droit n'est pas encore formé et on met en demeure tous ceux qui ont des droits contraires de s'y opposer. Il en est de même en cas d'absence ; les insertions et publications précèdent le jugement déclaratif, et met l'absent ou les héritiers ayant un rang préférable à même de se présenter. Il en est ainsi de la publicité de la faillite.

La publicité est concomitante dans le cas de l'investiture ; cette investiture est généralement précédée de formalités de purge qui rentrent dans la publicité antérieure.

Enfin, la publicité est postérieure dans la purge des hypothèques qui suit non seulement l'acquisition, mais même l'inscription du droit.

c) Publicité au point de vue actif et au point de vue passif. — La publicité la plus usuelle est celle qui agit au point de vue passif, c'est-à-dire qui fait connaître les incapacités ou les charges dont un objet (personne ou chose) est grevé au profit d'une personne ; elle en indique aux tiers l'indisponibilité ou le restant de disponibilité. C'est au compte, soit de la chose, soit de la personne grevée, que se trouvent au bureau de publicité ces indications qui permettent de traiter en toute sécurité.

Mais une autre publicité est utile aussi, quoique moins indispensable ; celui qui possède des droits sur la chose ou sur la personne d'un autre a intérêt à faire connaître ces avantages au public, parce qu'il en tire profit pour augmenter son crédit.

On portera donc au compte de la personne passive les droits qui appartiennent sur elle à un autre, au compte du patrimoine passif les dettes de ce patrimoine, à celui de la chose passive les dettes hypothécaires, usufruit, servitudes, qu'un autre a le droit d'exercer sur elle.

Mais, par contre, on portera au compte de la personne active les droits qu'elle a à exercer sur une autre personne, au compte du patrimoine actif ceux que celui-ci peut prétendre sur un autre patrimoine ou sur la chose d'autrui, au compte de la chose active les servitudes du fonds dominant.

A chaque feuillet du registre de publicité, il y a donc une double colonne, l'une pour l'actif, l'autre pour le passif.

Le but n'est pas le même pour les deux. La publicité active n'est pas, à proprement parler, une publicité défensive, c'est plutôt une publicité attractive qui profite pour pouvoir entamer de nouvelles affaires. Nous n'en parlons ici que pour mémoire. Sa vraie place est entre la publicité attractive et celle défensive pour former une publicité mixte, nous y reviendrons à ce titre.

f) Publicité permanente, publicité actuelle. — Nous avons indiqué les divers moyens de publicité : tradition de l'objet, inscription sur un registre, livraison et détention du titre. Le tout forme celle permanente; elle ne cesse pas d'exister un seul instant, ce qui est un grand avantage, mais, d'autre part, rien ne provoque l'attention du public qui doit se déplacer, et qui néglige souvent de le faire.

Aussi existe-t-il une publicité plus active qui s'efforce de trouver celui qu'on a intérêt à connaître. Elle se réalise par les mêmes moyens qu'emploie la publicité attractive, c'est-à-dire par des publications, des affiches, des insertions dans les journaux, et parfois aussi par des notifications personnelles. Elle est employée surtout lorsqu'il s'agit de la publicité absolue, parce qu'il faut alors des moyens énergiques. C'est celle aussi qui rend publiques, et par conséquent obligatoires, les lois.

g) Publicité locale, publicité éparse, publicité centralisée. — La publicité a plus ou moins de réalité suivant son mode de situation. Elle peut s'étendre à un rayon plus ou moins étendu quand il s'agit de celle actuelle; par exemple l'insertion doit être faite dans un journal de la ville qui n'est pas lu ailleurs, ou se placer à l'*Officiel*, qui est lu dans tout le pays. Mais nous nous occupons ici surtout de la publicité permanente.

Cette publicité peut être établie dans un endroit facile à aborder et peu éloigné ou dans un autre très distant, elle est ainsi locale ou centrale; c'est tantôt l'une, tantôt l'autre qui est préférable, mais il vaudrait mieux avoir les deux réunies, ce qui est possible. Par exemple, le feuillet de publicité personnelle se trouverait au lieu du domicile, mais il serait tenu en même temps par renvoi à celui de la naissance; il serait même préférable d'avoir par région le feuillet personnel de chaque individu et on pourrait faire rapidement les recherches dans toutes celles de la France.

D'autre part, la publicité peut être éparse, quant aux divers bureaux de publicité relatifs à différents faits. C'est ainsi qu'aujourd'hui il faut s'adresser de tous côtés pour avoir les renseignements relatifs au même individu. S'il s'agit de ses meubles, la publicité s'accomplit au bureau des hypothèques; s'il s'agit de ses créances, c'est au domicile du débiteur saisi; pour le navire, c'est à la douane; pour l'acceptation ou la répudiation de succession, au greffe; pour l'interdiction ou la demi-interdiction, aux études des notaires ou des avoués; pour les constitutions de société, les séparations de biens, les faillites, ce sont les journaux qu'il faut consulter; pour le contrat de mariage, c'est à la mairie qu'il faut s'adresser. On comprend combien cette diversité est incommode. Il vaudrait bien mieux ne frapper qu'à une seule porte et, une fois entré, pouvoir d'un coup d'œil et en consultant quelques colonnes se rendre compte immédiatement de la situation d'une personne à tous les points de vue. Un principe important en cette matière serait celui de l'*unité de bureau de publicité*. Ce sera une conquête juridique, car cette unité est loin d'exister, surtout en France.

Ainsi, au point de vue géographique, une certaine centralisation des renseignements et, au point de vue des divers ordres d'idées l'unification des divers bureaux de publicité seraient désirables.

b) Publicité procurant la préférence, le concours ou la déchéance. — En général, l'effet de la publicité est d'accorder à un droit la préférence sur tous les autres, c'est en particulier le principe du régime hypothécaire. Cependant il n'en est pas toujours ainsi et d'autre part la déchéance peut être le résultat d'une inscription contraire ou d'une purge préalable.

Lorsqu'il s'agit d'un droit sur une chose, le résultat ordinaire de la publicité est la préférence, mais il n'en est pas ainsi quand il s'agit du droit sur une personne. C'est ainsi que la loi française récente, de 1897, ordonne la mention du mariage en marge de l'acte de naissance, mais celui qui a fait le premier la mention n'a pas de préférence sur l'autre. Que s'il s'agit du droit sur le patrimoine, on sait que la publicité n'est pas organisée, aussi

tous les créanciers chirographaires viennent au marc le franc.
Mais on peut concevoir un système d'après lequel les créanciers
chirographaires qui se feraient inscrire auraient sur l'ensemble
du patrimoine un droit de préférence contre les créanciers
postérieurement inscrits. Un droit de préférence sur le patrimoine, mais sans condition de publicité, est déjà accordé à certains créanciers par l'article 2101 du Code civil et à la femme mariée sur le patrimoine de son mari par beaucoup de législations
étrangères.

Lorsqu'il s'agit d'ayants droit à action en rescision, en nullité, en révocation et autres non sujets à publicité, la procédure
publique de purge cause une déchéance contre eux.

*i) Publicité sur le contrat, publicité sur l'objet du contrat,
patrimoine, chose ou personne, publicité sur la personne en
raison de la chose.* — Nous voulons signaler ici les interversions
de publicité qui tiennent une si grande place dans notre droit.

La publicité doit logiquement porter sur l'objet même affecté,
que cet objet soit une chose ou une personne, et c'est sur lui
que le droit rendu public doit se trouver assis. Hé bien! il n'en
est pas toujours ainsi.

C'est parfois le droit en dehors de son assiette qui se trouve
rendu public. Par exemple, un contrat de vente à sa date est
porté sur le registre de publicité; aucun feuillet n'est ouvert à la
chose que cette vente affecte. Lorsqu'il s'agira de contracter avec
l'ancien propriétaire de l'immeuble, on ne saura pas s'il l'est
encore. Il est vrai qu'on n'en reste pas à cette publicité initiale,
qu'on dépouille l'acte de vente, mais nous allons voir que le
résultat de ce dépouillement est souvent mal reporté. D'autre
part, la copie *in extenso* de cet acte cause des frais considérables et inutiles, puisque non seulement une grande partie des
clauses sont de style, mais qu'elles n'intéressent pas les tiers.

Mais ce qui est plus défectueux, c'est le report du dépouillement de l'acte de transmission. On devrait le mettre au feuillet
de la chose, s'il s'agit d'une chose, et à celui de la personne,
s'il s'agit d'une personne. C'est ce qui n'a pas lieu, du moins en
France, où il n'existe pas de feuillet de la chose, ni non plus de
feuillet de la personne, en tant qu'objet éventuel d'un droit. La
mutation est portée seulement au nom de la personne du vendeur. Il en résulte une publicité hybride, moitié réelle, moitié
personnelle, qui ne peut atteindre une pleine efficacité. Quand
c'est la chose qui est affectée, c'est la personne qu'on annote.

Quoi de plus illogique! C'est aussi très gênant. Il faut, pour avoir un état sur l'objet du droit, connaître et parcourir par des tâtonnements la série de tous les propriétaires successifs.

j) Publicité nécessaire au point de vue du droit de préférence et du droit de suite, publicité nécessaire seulement au point de vue du droit de préférence. — Cette distinction concerne les choses, les personnes, et le patrimoine. Quant aux choses les deux droits existent le plus souvent à la fois. Quant aux personnes, il n'y a pas lieu à droit de préférence, mais seulement à droit de suite; en ce qui concerne le patrimoine, il n'y a pas lieu à droit de suite, si ce n'est dans la séparation des patrimoines, mais seulement à droit de préférence.

h) Publicité civile, publicité répressive. — L'une consiste dans le casier judiciaire et aussi dans les mesures de publicité actuelle, en cas de condamnation pour crime; l'autre, dans la publicité civile dont nous venons d'analyser les éléments divers.

La publicité répressive n'a pas seulement pour but de faire connaître les différentes incapacités civiles qui en résultent, mais aussi celui plus direct de révéler celles indirectes qui en sont la conséquence immédiate, et qui doivent mettre en garde les tiers.

l) Publicité des actes sociaux, notamment des actes législatifs. — Ici se placent à leur rang logique, les dispositions qui concernent les lois publiées pour leur promulgation et leur force exécutoire. Les citoyens ne sont obligés de les observer qu'à partir du moment où la loi est devenue publique; en général, celle-ci n'a pas d'effet rétroactif au delà de ce moment. Personne n'est censé l'ignorer, mais pour cela il faut qu'elle soit rendue publique par des moyens appropriés. Nous ne mentionnons ici cette publicité que pour ordre.

Tels sont les divers classements de la publicité défensive. Il ne s'agit point seulement d'une question d'ordre, mais ce classement nous a fait pénétrer davantage dans les principes mêmes de la publicité. Il faut faire la même recherche en ce qui concerne la publicité attractive.

B. — Publicité attractive.

Le classement comprend les divisions suivantes : 1° publicité attractive pour la personne, le patrimoine ou la chose; 2° publicité attractive selon divers moyens; 3° publicité antérieure, concomitante ou postérieure à la formation du droit; 4° publicité locale ou centralisée; 5° publicité permanente ou publicité actuelle; 6° publicité par inscription ou par livret. Nous examinerons tous ces points plus rapidement, parce que nous avons déjà expliqué ces classements dans leur principe essentiel.

1° *Publicité attractive relative à la personne, au patrimoine ou à la chose.* — La publicité attractive a pour but d'amener à contracter sur l'un de ces éléments comme objet d'un droit. Celle qui a rapport à la chose est plus connue. Qui ne sait combien les moyens de publicité commerciale sont développés? Ils le sont même à l'excès. Le domaine civil en est moins envahi, mais cependant la publicité y est de jour en jour plus répandue. Il est rare qu'une vente, qu'une location n'aient pas été précédées d'affiches, d'insertions, de négociations par le notaire, d'une adjudication, etc. Dans certains pays, on hésite cependant encore à recourir à une publicité trop active.

La publicité, en ce qui concerne le patrimoine, est plus rare. Cependant elle a lieu largement pour les sociétés qui publient leur bilan.

La publicité, en ce qui concerne les personnes morales ou les choses personnifiées est assez fréquente, pourtant les associations y répugnent, mais elle est tout à fait rare en ce qui concerne les personnes elles-mêmes. Cependant, relativement au contrat de travail dont on veut provoquer la conclusion, la publicité attractive est assez fréquente et se réalise par les Bourses du travail et les autres moyens de publicité préalable. Un de ses objectifs les plus importants serait la conclusion des mariages, mais, dans l'état actuel des mœurs, la publicité, mal tentée, n'a pas réussi. Il s'agit d'un sujet délicat, et cependant il serait très utile que la publicité attractive pût exercer là aussi son bienfaisant effet. Par quels moyens spéciaux? Il serait trop long de le rechercher ici, mais nous n'en voyons nullement l'impossibilité, en prenant toutes les précautions pour empêcher les abus faciles.

2° *Publicité attractive par les divers moyens de publicité.* — Ces moyens de publicité ne sont pas les mêmes que dans la publicité défensive, mais ils sont aussi très nombreux.

Le premier consiste à faire connaître le besoin qu'on a de contracter en frappant directement les yeux ou les oreilles du public. C'est ce qui a lieu au moyen d'affiches, de publications, d'insertions dans les journaux, et individuellement par l'envoi postal d'offres et de prospectus. Le détail de ce premier procédé n'a pas d'intérêt ici. Seulement, il serait utile de centraliser ce mode de renseignements et de créer des feuilles officielles où l'on chercherait et où l'on serait sûr de les trouver.

Le second consiste à avoir à sa disposition des intermédiaires qui pourraient divulguer l'offre et la demande, tout en servant d'intermédiaires entre les parties. Ces intermédiaires sont conventionnels ou légaux. Ces derniers comprennent les notaires, les courtiers, les agents de change. C'est peut-être par eux que la publicité la plus effective est procurée. Mais quelques-uns, les notaires, ne la donnent que trop exclusivement locale.

La troisième consiste à posséder un marché public où l'offre et la demande puissent se produire simultanément. C'est ce qui se réalise quant aux valeurs proprement dites à la Bourse; ailleurs, dans les marchés. Enfin, l'adjudication est un moyen du même genre; il est très usité.

Tels sont les différents moyens de publicité attractive.

3° *Publicité attractive antérieure, concomitante ou postérieure.* — La publicité attractive est le plus souvent antérieure, puisqu'elle a précisément pour but d'attirer à la conclusion de la convention, et par conséquent, à la formation du droit; toute celle qui résulte des affiches, publications, insertions, notifications, est antérieure.

On peut citer comme publication concomitante l'adjudication.

La publicité postérieure consiste dans la publication du bilan d'une société; elle a pour objectif, en faisant connaître une situation prospère, d'inciter à de nouvelles conventions.

4° *Publicité permanente et publicité actuelle.* — La publicité actuelle attractive est organisée, comme nous venons de le voir, par des moyens très divers; il en est autrement de la publicité permanente qui, au point de vue attractif, n'est pas organisée du tout.

En effet, la publicité actuelle, quoiqu'elle essaie d'aller trouver chez lui celui qui pourrait traiter, ne remplit pas du tout son but. La curiosité de celui-ci n'est pas éveillée, elle ne le sera que plus tard, lorsque le besoin de contracter prendra naissance. Jusque-là il ne lit ni les affiches, ni les insertions. Si, au contraire, voulant un jour acheter, par exemple, il trouvait dans un registre permanent les offres qui seraient faites, il serait renseigné en temps opportun et à coup sûr, sans prendre la peine de s'enquérir par avance.

C'est cette publicité qui est offerte, mais d'une manière très imparfaite, par les agences de renseignements et de placement. Elle pourrait être confiée à un bureau officiel qui donnerait connaissance des offres, des demandes, et ferait communiquer les clients les uns avec les autres.

5° *Publicité locale ou centralisée.* — Si l'on désire emprunter, on pourra s'adresser au Crédit foncier, et par là même ce désir sera indirectement connu de toute la France; nul ne saura, il est vrai, le nom de l'emprunteur, mais tous connaîtront le besoin qui se produit et offriront leurs capitaux. Mais en d'autres matières cette centralisation n'a pas lieu, celui qui fait l'offre et celui qui fait la demande se débattent dans leur isolement. C'est cet isolement qu'il faut détruire.

Il l'est dans une certaine mesure par la publicité locale. Mais cette publicité a un rayon peu étendu. Je désire acquérir un immeuble dans la région, et je ne lis pas les feuilles publiques, il faudra m'adresser à toutes les études de notaire; si, au contraire, je rencontrais dans une feuille régionale spéciale toutes les offres, je pourrais obtenir très vite, sauf à le compléter, le renseignement désiré.

6° *Publicité par inscription ou par livret.* — La publicité attractive consiste en partie en celle du bon état du patrimoine de celui qui désire traiter. La contre-partie, pour la connaître, pourra s'adresser au bureau de publicité de ce patrimoine, mais il faut dans ce but se déplacer, payer des faux frais, et perdre un temps pendant lequel la convention pourra être passée par d'autres. Il vaudrait mieux demander à mon cocontractant de justifier de suite de son état prospère. Il le pourrait s'il exhibait un livret qui établirait de suite sa situation, et qui indiquerait d'un coup d'œil son actif et son passif, mais il faudrait que ce livret fût tenu au courant et visé aussi souvent que son porteur le désirerait. Rien ne serait plus facile. Il ne s'agirait que de délivrer au bureau de publicité un état sur la personne ou sur le patrimoine, comme on en délivre un sur tel ou tel bien.

Tels sont les divers classements relatifs à la publicité attractive et les principes qui en résultent.

C. — Publicité mixte.

Nous ne la rappelons ici que pour ordre, elle consiste dans celle relative aux droits grevant les personnes, les choses et le patrimoine, mais établis activement dans la personne de l'ayant droit, ou même passivement, mais alors pour prouver que les charges sont limitées.

Cette publicité tient le milieu entre celle attractive qui a le but de solliciter un contrat, et celle défensive, qui a celui de repousser tous autres droits sur le même objet, elle part de droits acquis pour parvenir à l'acquisition de nouveaux.

Elle résulterait surtout du livret qui serait délivré à chaque citoyen, et dont nous verrons le fonctionnement.

Telles sont les diverses sortes de publicité avec leurs différences d'effets, de but et d'application et leurs modes de réalisation. Nous ne les avons indiquées ici que d'une manière très succincte et pour mettre de l'ordre dans les idées relatives à ce sujet juridique, nous les avons d'ailleurs extraites de l'observation des divers systèmes législatifs adoptés.

Il nous reste à établir ce qu'est la publicité en elle-même et essentiellement ; cette définition, si importante, n'était possible qu'après l'ensemble des inductions que nous avons faites. C'est ainsi qu'on prétend généralement qu'elle a son domaine propre, même exclusif, dans les droits dits réels et absolus, lesquels ne sont opposables aux tiers que grâce à elle; on en tire cette autre idée que l'effet de la publicité est l'opposabilité aux tiers. Une étude approfondie renverse ces deux principes apparents. La publicité, dans une civilisation juridique avancée, s'applique aussi bien aux droits sur la personne qu'à ceux sur le patrimoine ou sur les choses, seulement son application y a été plus tardive. D'autre part, la publicité, applicable d'abord seulement aux tiers proprement dits, s'étend ensuite, dans une législation rationnelle, aux ayants cause, même aux successeurs universels ou aux créanciers chirographaires. Les deux critères de définition sont erronés. Il ne s'agit en dernière analyse ni de tiers, ni des droits sur les choses exclusivement.

La véritable définition c'est que la publicité est le moyen de décision dans le cas de conflit entre deux droits. Il n'existait dans ce cas que trois moyens possibles de décider, accorder la préférence à celui qui est le plus ancien en date écrite, ou à celui qui est le plus ancien en date certaine, ou à celui qui est le plus ancien en date publique. Le premier était livrer les intéressés à toutes les surprises de la mauvaise foi, c'est pourtant celui qui a longtemps dominé. Le second écarte l'incertitude absolue, la date certaine tranche même très complètement, mais la mauvaise foi y a encore très beau jeu; celui qui achète un immeuble déjà vendu à un autre et paie son prix sans connaître ce fait est trompé malgré la date certaine qu'il ignore. Reste le dernier moyen, le seul efficace, celui de la publicité. Suivant qu'elle est plus ou moins complète, elle règle plus ou moins justement le conflit entre les droits; celui qui a été imprudent ne peut s'en prendre qu'à lui-même, puisqu'il pouvait savoir. Ce redressement de définition a des résultats pratiques importants: il étend la sphère d'utilisation de la publicité.

En ce qui concerne l'évolution de la publicité et sa plus ou moins grande universalité dans le temps et dans l'espace, l'observation des législations nous amène aussi à une induction importante dont le résultat doit être mis en relief. Même dans les pays où elle semblait absente, elle existait sous une autre forme. Elle était latente et matérielle, au lieu d'être patente et intellectuelle. Elle n'avait pas sa place sur un registre, mais sur le sol lui-même. La transmission de propriété, par exemple, se faisait par la tradition, se complétait par la possession, et contre les droits, même ceux de propriété, se consolidait par l'usucapion. C'était la publicité matérielle, suffisante dans un cercle restreint, et d'ailleurs énergique, puisqu'elle était quotidienne. Entre cette publicité sur le sol et la publicité sur le registre, il y a même eu une sorte de lutte historique, et l'une croît à mesure que l'autre décroît. La publicité proprement dite entame de plus en plus la prescription; elle l'a presque entièrement détruite dans les pays de publicité absolue.

La croissance de la publicité n'est pas, du reste, encore achevée; lorsqu'elle le sera, elle aura opéré dans l'ensemble du droit civil des modifications profondes et bienfaisantes dont nous ne pouvons encore mesurer toute l'étendue; en attendant, nous avons cru utile d'en mettre en vedette les caractères et les divisions d'après la direction que les législations anciennes et actuelles et les projets lui impriment, et d'essayer de découvrir ses racines profondes.

CHRONIQUE LÉGISLATIVE.

LANDTAG PRUSSIEN.

La Chambre des députés a repris ses travaux (1) après les vacances de Pâques, le 27 avril 1897; il lui restait à discuter de nombreuses lois, plusieurs propositions et huit rapports de commission.

Après le budget définitivement voté le 11 mai, elle adopta, sans longs débats, plusieurs lois déjà examinées en première lecture : une loi sur les caisses de veuves d'officiers, deux lois forestières spéciales à la Régence de Wiesbaden et au pays d'Olpe, une loi de reconstruction de la Charité de Berlin, dont les bâtiments datent du siècle dernier et étaient dans un déplorable état d'insalubrité, une loi sur le jugement par voie administrative des contraventions aux lois sur les douanes et les impôts indirects. Aux termes de cette loi, les autorités fiscales (directeurs des douanes et directeurs des contributions) auront en matière de contraventions la compétence que le code de procédure pénale accorde aux autorités administratives en cas de contraventions de police.

En matière de chemins de fer, trois projets ont été soumis à la Chambre et votés par elle : une loi affecte un crédit de 1 million aux gares d'Aix-la-Chapelle (500.000 m.), Dortmund et Bochum; une loi sanctionne l'acquisition d'une section de chemin de fer d'Aix-la-Chapelle à Maestricht; enfin une loi plus importante ouvre un crédit de 59.400.000 marks, pour la construction de dix-neuf lignes de chemins de fer, un autre crédit de 8 millions pour subventions aux petits chemins de fer, et un crédit de 2 millions pour création d'entrepôts agricoles. La création d'entrepôts agricoles est une concession faite aux demandes des agrariens, et on en attend de grands résultats pour l'agriculture. Les 70 millions nécessaires à ces travaux seront réalisés par voie d'emprunt; un amendement déposé pendant la deuxième lecture, par M. Gamp, demandait autant que possible l'emploi exclusif, dans les travaux de chemins de fer, des matériaux indigènes et notamment des traverses en bois; il a été renvoyé à la troisième lecture et finalement rejeté: le ministre s'est opposé à son adoption, tout en se déclarant favorable au principe, et il a fait remarquer qu'il avait déjà été tenu compte des désirs de la Chambre : les bois sont actuellement demandés aux forêts indigènes dans la proportion de 21 pour 100, tandis qu'antérieurement cette proportion n'était que de 5 pour 100.

Malgré les soins apportés par la Prusse au développement et à l'administration des chemins de fer, il semble que l'exploitation par

(1) Cf. p. 297.

l'État laisse à désirer et les accidents ont été nombreux pendant l'année 1897. Le plus grave est survenu le 18 mai à un train spécial de réservistes ; il a causé la mort de dix employés et soldats et a fait au total plus de cinquante victimes; il a été l'objet d'une communication du ministre des chemins de fer à la Chambre des seigneurs et à la Chambre des députés. D'autres accidents sont encore survenus et l'opinion publique s'est émue de leur fréquence. Ces accidents doivent plutôt être imputés au personnel qui est surchargé, qu'au mauvais état du matériel; ils prouvent, en tout cas, que l'exploitation par l'État n'entraîne pas toujours l'amélioration du service et de la sécurité, et que l'État, lui aussi, cherche à augmenter ses bénéfices par des économies sur le personnel. Quoi qu'il en soit, l'exploitation semble laisser à désirer; des circulaires du ministre se sont efforcées de remédier aux inconvénients reconnus, et, dans un rapport publié au *Journal Officiel*, l'administration a relevé à sa décharge que son exploitation s'étendait sur 30 000 kilomètres de voies ferrées, avec 5.000 stations et un personnel de 300.000 hommes, et qu'en réalité les accidents étaient rares par rapport à l'importance du service. Notons à ce sujet, en chiffres exacts, que l'étendue du réseau s'est élevé, de 1870 à 1897, de 3.195 kilomètres à 29.197 kilomètres par des acquisitions et des constructions de lignes; le capital d'établissement était en février 1895, de 6 milliards 587 millions de marks (plus de 8 milliards 353 millions de francs), sur lequel il a été amorti 1.305 millions.

Après les chemins de fer, les voies de navigation sont l'objet des sollicitudes de l'administration prussienne, et depuis dix ans sur beaucoup de points des canaux ont été construits et le cours des rivières navigables a été régularisé. Ces grands travaux ont eu pour but et pour effet d'augmenter et de faciliter le trafic et de donner un grand développement au commerce et à l'industrie. L'Oder, la Sprée, la Nogat, le Rhin, etc., ont eu leur cours amélioré. Une loi de 1886 avait autorisé l'ouverture d'une grande voie navigable entre le Rhin et l'Elbe, et la section comprise entre Dortmund et l'Ems inférieur avait été tout de suite entreprise. Les prévisions de dépenses ont été notablement dépassées et une loi votée pendant la session de 1897 a dû ouvrir un nouveau crédit, de 14.750.000 marks pour permettre l'achèvement du canal. Ces travaux utiles surtout à l'industrie et aux charbons de Wesphalie, qui trouveront ainsi une exportation plus facile vers le centre de la Prusse, soulèvent d'autre part de vives appréhensions : les propriétaires des mines de Silésie leur reprochent de permettre aux charbons de Westphalie une concurrence désastreuse pour les charbons de Silésie, et l'agriculture de Westphalie redoute de son côté l'invasion du blé étranger. L'opposition qui en est résultée a fait rejeter, en 1894, le projet de loi qui prolongeait jusqu'au Rhin le canal de Dortmund. Le projet de 1897 se contentait de donner à l'administration les moyens de mener à bonne fin l'œuvre commencée; il n'a pas cependant été voté sans discussion.

Renvoyé devant une commission de quatorze membres (21 mars), il est revenu en deuxième et troisième lecture devant la Chambre les 15 et 19 mai. Le vote de la loi s'imposait : les dépenses étaient engagées et le canal autorisé; il n'y avait plus, suivant l'expression du ministre des finances, qu'à se « résigner à mordre la pomme aigre ». Mais les Conservateurs et le comte Kanitz se sont plaints que les charges nouvelles ne fussent pas rejetées sur les districts qui bénéficieront du canal; le ministre des travaux publics n'a pas manqué de faire remarquer que, si les prévisions de recettes étaient faibles, cela tenait à ce que le prolongement jusqu'au Rhin avait été repoussé en 1891 par la Chambre, et que ce prolongement, qui s'imposait et serait certainement exécuté un jour, donnerait seul au canal toute sa valeur de rendement; jusque-là on n'avait qu'un tronçon dont beaucoup de pays producteurs et de villes importantes se trouvent éloignées. La Chambre a voté en troisième lecture, malgré les Nationaux-libéraux, une résolution invitant le gouvernement à protéger par des tarifs appropriés les produits indigènes contre la concurrence étrangère. Devant la Chambre des seigneurs les mêmes critiques se sont produites (21 mars) et la loi n'a été votée que par 19 voix contre 26; la résolution a été également votée.

Après avoir amélioré les traitements, le gouvernement s'est occupé de la revision des frais de transports alloués aux fonctionnaires, et un projet de loi qui les réglementait à nouveau a été discuté en première lecture le 21 mars. Il n'a pas été voté sans difficulté : renvoyé devant la commission du budget, il est revenu en deuxième lecture le 3 avril, a été renvoyé de nouveau devant la commission, et voté enfin définitivement les 19 et 22 mai; la commission et la Chambre ont abaissé les chiffres du projet.

Deux lois fort longues sur l'organisation municipale des communes rurales et des villes de la province de Hesse-Nassau ont été discutées dans les séances des 11 décembre, 1, 2, 3, 5 avril, 8 et 31 mai. Elles ont pour but d'étendre à cette province la réforme administrative déjà appliquée dans la plupart des autres provinces. La plus grave difficulté a eu trait au droit électoral : le projet supprimait l'ancien mode d'élection et introduisait le vote par classes. Les députés du Centre et un seul National-libéral, M. Enneccerus, se sont élevés énergiquement contre l'introduction d'un système qui n'a même pas le mérite d'être appliqué uniformément en Prusse, dont la réforme est demandée de tous les côtés, et que le prince de Bismarck lui-même a déclaré être le plus mauvais des systèmes électoraux (discours de M. Dasbach). M. Enneccerus a fait observer que, depuis la réforme fiscale, la partie moyenne de la population était reléguée dans la troisième classe, où elle se trouvait confondue avec les ouvriers, à tel point que cette classe comprend à Cassel 90 pour 100 des électeurs, à Fulda 85 pour 100, à Hanau 91 pour 100; à Hanau la troisième classe compte 23.000 électeurs et les deux autres classes 300 seulement; c'est la ploutocratie, en face de laquelle il n'y aura bientôt plus que des socialistes. Le ministre a défendu avec quelque embarras le vote par classes — il avait, en effet, préparé un premier projet qui le supprimait — et s'est contenté de faire observer que ce système était en vigueur dans la plus grande partie des provinces; il a déclaré, en même temps, qu'il s'occupait de relever les conséquences qu'avait eues la réforme fiscale sur le droit électoral, que les chiffres seraient soumis à la Chambre et que, s'il y avait lieu, une loi électorale serait présentée. Les Conservateurs et les Nationaux-libéraux ont soutenu le ministre. Un amendement présenté par M. Kircher, qui laissait à Wies-baden le vote par classe, mais maintenait le suffrage universel à Cassel, a été rejeté et le texte du projet a été voté sans changement. De même, en troisième lecture, a été rejeté par 116 voix contre 81 un amendement Kircher qui, pour diminuer l'influence de l'argent en matière électorale, assignait à la première classe 5 pour 100 et à la deuxième 10 pour 100 des électeurs. L'introduction du vote par classes ne paraît pas devoir être acceptée sans protestation par la province; 100 pétitions, couvertes de 20 à 25000 signatures, ont protesté contre le projet. Sur un autre point, le gouvernement a été moins heureux : l'article 15 du projet n'autorisait des municipalités collégiales que si le chiffre de la population était supé-rieur à 1200 habitants; la commission et la Chambre, contre les efforts du ministre, ont abaissé ce chiffre à 500 habitants. Mais la Chambre des seigneurs a modifié à son tour l'article 45, et, au lieu de faire de la municipalité collégiale le droit de toutes les communes ayant plus de 500 habitants, elle décida que la question serait abandonnée pour toutes les communes rurales, quel que soit le chiffre de la population, à la décision du statut local. Comme ces statuts doivent être approuvés par le gouvernement, c'était en fait laisser l'administration souverain juge de la question. La loi dut revenir devant la Chambre des députés qui, après une vive discussion, maintint par 205 voix contre 183 l'article primitif (amendement Beinbauer, 31 mai); la Chambre des seigneurs ne per-sista pas dans son opposition, et la loi fut votée sans changement le 26 juin.

Une loi sur les chambres de commerce a également soulevé une assez vive opposition entre les deux Chambres et la discussion s'est prolongée du 18 décembre au 23 juillet. Le projet modifiait et simplifiait un projet antérieurement déposé par l'ancien ministre du commerce, M. von Ber-lepsch, et rejeté par la commission; au lieu d'établir des chambres de commerce dans toute l'étendue du royaume, le nouveau projet se bor-nait à modifier la loi du 24 février 1870 et à réglementer les chambres actuellement existantes. Avant la loi, il n'existait que 75 chambres de commerce dont l'organisation et l'importance variaient singulièrement : une seule chambre, à Francfort, était réellement puissante et avait un budget de 50000 marks; le budget de la chambre de Breslau était de 36000 marks et pour un grand nombre il s'élevait péniblement à 1000 et 4000 marks; la composition de la chambre dépendait également des statuts particuliers, et si, dans 36 chambres, tout commerçant inscrit sur les livres de commerce était électeur, un cens variable et quelquefois très élevé était exigé dans les autres chambres. Le projet n'établit pas une règle uniforme et les chambres resteront maîtresses de fixer les règles d'électorat et d'éligibilité; quant à l'existence même des chambres, aucune organisation uniforme ne sera établie et leur création restera abandonnée comme par le passé à la libre initiative des circonscriptions. Après la discussion générale en première lecture (18 décembre), le projet a été renvoyé devant une commission et est revenu en deuxième lecture le 25 mai. La commission et des amendements introduits pendant la discussion modifièrent notablement le projet : l'article 2 du projet soumettait la création des chambres à l'approbation ministérielle; un amendement, déposé par M. Cahensly et voté contre le ministre à une faible majorité, décida que l'approbation ne pourrait être refusée lorsque l'impôt industriel du district s'élèverait à 100000 marks et que la création de la chambre serait demandée par la moitié des commerçants inscrits sur le registre du commerce. Un amendement de M. Reinhardt chercha à restreindre la portée et l'application de la disposition en exigeant en outre que la moitié des commerçants inscrits représentassent la moitié de l'impôt industriel du district; il fut rejeté. L'amendement Cahensly était dirigé contre les conseils d'anciens, qui sont généralement composés des représentants du grand commerce et de la Bourse, et a pour but d'assurer la représentation des petits commerçants. D'autres amendements furent également votés sur des points de procédure et d'organisation (amendements Gamp, Brockhausen, Gothein, Gorke); par contre le droit de dissolution, attribué au conseil des ministres, a été maintenu contre l'amendement Gothein. La loi maintenait expressément les corporations commerciales existant à Berlin, Stettin, Magdeburg, Tilsitt, Königsberg, Danzig, Memel, Elbing et le collège commercial d'Altona; en troisième lecture (29 mai), de nouveaux efforts furent faits pour les transformer en chambres de commerce, mais sur les déclarations du ministre qui défendit ces corporations et affirma que leur existence n'empêcherait pas l'établissement de chambres de commerce, M. von Brockhausen retira son amendement. La Chambre des seigneurs à son tour modifia le projet (29 juin) et la loi dut revenir devant la Chambre des députés qui la vota sans nouvelles modifications (23 juillet). Devant la Chambre haute, la discussion donna lieu à de vives attaques des Progressistes contre la Ligue des agriculteurs et la loi sur la Bourse.

Concurremment avec les projets de loi, la Chambre a discuté et voté un certain nombre de rapports présentés sur les opérations des autorités financières ou autres autorités officielles. Quelques-uns ont donné lieu à d'intéressantes discussions. Sur le rapport du budget de 1895-1896, M. Rickert, progressiste, a demandé (15 mai) la suppression de la caution exigée des fonctionnaires fiscaux; l'Association des fonctionnaires hanovriens avait de son côté offert au gouvernement de se charger de la caution de ses membres. Le ministre des finances, M. von Miquel, n'a défendu que faiblement le système des cautions, qu'il considère comme un mal, mais il ne croit pas possible de le supprimer encore. Le montant des cautions fournies est de 40 millions environ, et il y a en Prusse 3000 fonctionnaires soumis à la caution, mais il paraît qu'en fait, dans la plupart des cas, la caution ne provient pas des ressources personnelles du fonctionnaire qui y est tenu.

Le rapport sur les habitations à bon marché a mis de nouveau aux prises les adversaires et les défenseurs des maisons à logement unique (25 mai, 23 juillet); à M. Stephan, qui reprochait au gouvernement de n'avoir pas construit de maisons pour une seule famille, on répondit (MM. Gamp, Müller) que ce genre d'habitations, dont la construction était onéreuse, ne pouvait convenir qu'aux populations rurales et qu'au point de vue social les maisons à plusieurs logements étaient préférables. Le ministre des finances déclara que l'essai tenté en vertu de la loi de 1886 avait produit de bons résultats et qu'il se proposait de le développer.

Notons enfin un arrêté libéral du ministre des cultes, du 26 mars, qui décide que dans les écoles industrielles et agricoles (Fortbildungsschulen) l'enseignement religieux, quoique ne pouvant faire partie du programme, serait donné par les curés et les pasteurs dans les locaux mêmes de l'école et il invite les directeurs de ces écoles à donner aux ecclésiastiques toutes les facilités possibles.

La session aurait dû être close dans les derniers jours de mai ou au commencement de juin. La loi sur les associations la prolongea pendant deux mois dans l'agitation et le trouble. Le discours du trône avait annoncé une loi sur les associations : au commencement de mai, aucun projet n'avait encore été déposé, et le monde politique s'en étonnait. Interrogé pendant la discussion du budget, le 11 mai, le chancelier répondit que le projet était prêt, et que le conseil des ministres allait décider s'il serait déposé dans le cours de la session, mais il déclara en même temps que la réforme ne se limiterait pas à l'article 8 de l'ordonnance du 11 mars 1850, en autorisant, conformément au vœu du Reichstag, les associations politiques à se fédérer entre elles, mais s'étendrait à d'autres points de la législation. C'était un avertissement. Quelques jours après le projet était déposé. Il ne répondait pas aux espérances libérales qu'on avait eues et il fut mal accueilli. En effet, tout en autorisant les associations politiques à se fédérer entre elles, sous réserve de l'approbation du ministre de l'intérieur au cas où des associations étrangères feraient partie de l'union (art. 4), il donnait à la police le droit de dissoudre toute association et réunion publique contraire aux lois pénales ou menaçant la paix publique ou la sûreté de l'État (art. 1, 3); enfin l'accès aux associations et réunions s'occupant de questions politiques était interdit aux mineurs (art. 4). C'était la reconnaissance du pouvoir discrétionnaire de la police et l'aggravation de la législation en vigueur; c'était l'oubli des promesses libérales qu'avait faites le chancelier, et la loi proposée n'était plus qu'une loi de police et d'exception, une petite loi contre les anarchistes, *ein kleines Umsturzgesetz*, comme on l'appela de suite.

La discussion commença en première lecture, le 17 mai, devant une salle comble, et dura deux jours. 28 orateurs étaient inscrits contre, 12 pour. Le prince Hohenlohe prit le premier la parole et se défendit d'avoir oublié les promesses qu'il avait faites, mais il déclara la liberté des associations impossible et dangereuse pour la sûreté de l'État, et s'appuya sur l'exemple des autres pays allemands, notamment la Bavière, la Saxe, Bade; après lui, les ministres de l'intérieur et de la justice insistèrent sur la nécessité des mesures proposées, qu'ils déclarèrent indispensables en présence du développement considérable des associations et des réunions publiques. Le Centre, les Progressistes, les Polonais, les Nationaux-libéraux attaquèrent vivement le projet; les Conservateurs, « le chœur des sous-préfets », comme leur cria un interrupteur, furent seuls à le soutenir. Cela suffit cependant, et le projet fut renvoyé à une commission de 28 membres, les Nationaux-libéraux ayant déclaré ne pas s'y opposer.

Le même jour, 18 mai, le Reichstag, pour protester contre la loi prussienne, vota en deux lectures par 207 voix contre 53 et 1 abstention, un projet de loi d'initiative privée, déposé par M. Rickert, qui proclamait purement et simplement le droit de fédération des associations. Centre, Hanovriens, Antisémites, Polonais, Nationaux-libéraux, Progressistes et Socialistes, tous les partis du Parlement fédéral se réunissaient ainsi dans une opposition unanime à la loi prussienne. C'était une réplique prompte et décisive à ce qui, dans la discussion, a été appelé « une déclaration de guerre du gouvernement prussien », et « une manifestation du particularisme prussien dans toute sa laideur ».

La commission se réunit de suite, le 20 mai, sous la présidence de M. von Krôcher; elle écarta contre les voix de la droite les articles 1, 3 et 5, c'est-à-dire tout droit de dissolution accordé à la police. Le droit de fédération des sociétés (art. 4) fut voté sans discussion. L'exclusion des mineurs des associations et réunions politiques fut combattue par le Centre, qui fit remarquer que la disposition menacerait tous les cercles et réunions de jeunes gens, étudiants, commis ou ouvriers, qui ne peuvent rester étrangers jusqu'à leur majorité à toute question politique ou sociale; elle serait d'ailleurs inefficace en pratique, la propagande socialiste, qu'on voulait atteindre, se faisant non pas par des réunions publiques mais par des conversations et des influences d'atelier. L'article 2 fut néanmoins voté par les Nationaux-libéraux unis aux Conservateurs, mais avec certaines modifications et sous cette réserve que la contravention à la loi n'entraînerait plus la dissolution de la réunion mais seulement une amende de 15 à 150 marks contre les mineurs contrevenants. Ainsi modifié, le projet fut voté par 18 voix contre 10; c'était une véritable exécution du projet officiel et les Conservateurs passèrent à l'opposition. M. Oswalt (national-libéral) fut chargé du rapport.

Le projet revint en deuxième lecture le 28 mai. La Chambre était presque au complet; sur 433 membres, 399 étaient présents; en l'état des partis, toute décision ne pouvait être prise qu'à une très petite majorité, et entre la Droite et le Centre, les Nationaux-libéraux se trouvaient maîtres de la situation. Les Conservateurs, battus devant la commission, présentèrent de nombreux amendements. Un amendement du comte von Limburg, appuyé par le ministre de l'intérieur, plus radical que le projet même, donnait à la police le droit d'interdire préventivement les réunions qui en fait lui paraîtraient dangereuses pour la paix publique ou la sûreté de l'État; il fut rejeté presque sans débats. Le ministre de l'intérieur demanda le vote du projet du gouvernement et montra par des exemples les dangers que faisaient courir à l'État les assemblées socialistes, anarchistes, polonaises et hanovriennes, et, par suite, la nécessité de mesures de défense. Un contre-projet, émanant des Conservateurs libres (amendement Zedlitz), maintenait à la police le droit de dissolution des associations et réunions dont les « tendances (Bestrebungen) anarchiques, socialistes, sociales ou communistes ayant pour but la destruction de la société ou de l'État, se manifesteraient d'une manière dangereuse pour la sûreté publique et la sûreté de l'État ». La police devait avoir le même droit contre les associations ayant pour but de préparer ou de réaliser la séparation d'une portion du territoire national. La discussion porta à la fois sur les amendements et le contre-projet; Nationaux-libéraux, Polonais, Progressistes, et Centre unirent de nouveau leurs efforts et les amendements furent rejetés; le contre-projet fut repoussé par 206 contre 193 voix, les Conservateurs, les Conservateurs libres et le National-libéral M. Bueck votèrent seuls pour. Le député polonais M. Motty, ayant traité de « perfidie » la disposition finale du contre-projet, fut rappelé à l'ordre. Les autres articles furent votés conformément au projet de la commission, et M. Porsch essaya vainement, au nom du Centre, de faire écarter la disposition qui excluait les mineurs des associations et réunions publiques; elle fut maintenue par une majorité composée des Conservateurs et des Nationaux-libéraux. La loi avait ainsi cette singulière fortune que les premiers articles étaient votés contre les Conservateurs par le Centre et les Progressistes, et les derniers contre le Centre et les Progressistes par les Conservateurs, les Nationaux-libéraux faisant dans les deux cas l'appoint nécessaire. Une motion additionnelle de M. v. Zedlitz, acceptée par la Chambre, exigeait que le président d'une réunion politique invitât, avant l'ouverture des débats, les mineurs à sortir.

La troisième lecture eut lieu le 31 mai. Les Conservateurs libres reproduisirent sans plus de succès leur contre-projet, qui fut rejeté par 207 voix contre 188; les autres amendements des Conservateurs furent aussi repoussés et le Centre échoua également dans ses efforts pour faire rejeter les articles relatifs à l'exclusion des mineurs. La loi fut votée conformément au texte de la commission, contre le Centre, les Polonais et les Progressistes, par une majorité composée des Conservateurs, des Conservateurs libres et des Nationaux-libéraux. Mais avant le vote le comte von Limburg déclara au nom des Conservateurs qu'ils ne votaient le projet que pour saisir la Chambre des seigneurs et lui donner les moyens de modifier le projet. La loi ne satisfaisait ainsi aucun parti.

En interdisant aux mineurs l'assistance aux réunions publiques, le projet modifiait la Constitution qui reconnaît à tout prussien le droit de réunion (art. 29); une quatrième lecture, après un délai de 21 jours, était en conséquence obligatoire (Constitut., art. 107). Elle eut lieu le 22 juin. La prolongation des débats, dans une question qui agitait la presse et l'opinion publique, entre des partis également forts, avait fini par passionner et surexciter les esprits, et la quatrième délibération fut souvent violente. M. Richter releva l'irrégularité de la procédure suivie et reprocha au projet de ne pas indiquer en termes explicites les modifications introduites dans la Constitution; faisant allusion aux bruits de crise ministérielle il demanda l'avis du gouvernement et principalement du ministre des finances, M. v. Miquel, « dont on pourrait dire, comme de Wallenstein : ce qu'il croit, personne ne le sait ». Aux attaques, les Conservateurs répondirent par des attaques et M. v. Zedlitz traita la majorité du Reichstag de « majorité aveuglée avec laquelle il était impossible de faire une politique nationale ». M. Richter lui cria qu'il était un insolent et fut rappelé à l'ordre. MM. Lieber, Brutt prirent également part aux débats pour le Centre et les Conservateurs libres : après des débats agités, la loi fut votée par la même majorité composée des Conservateurs et des Nationaux-libéraux.

La parole appartenait à la Chambre des seigneurs. Dès le 24 juin elle discuta le projet en première lecture. MM. v. Puttkamer, v. Stumm, comte Klinckowström, soutinrent la nécessité de défendre le gouvernement contre les progrès menaçants du socialisme qui atteint les campagnes et de lui donner les armes nécessaires; les maires de Berlin, Cologne, Altona, Breslau et Cassel défendirent le projet de la Chambre des députés et après les observations du ministre de l'intérieur la loi fut renvoyée à une commission de 15 membres. La commission rétablit, sauf quelques modifications, le contre-projet soutenu devant la Chambre des députés par les Conservateurs libres et donna à la police le droit de dissolution des associations et réunions « socialistes et anarchiques ». La Chambre haute vota le projet ainsi transformé par 128 voix contre 22 dans la séance du 30 juin et, après le délai de vingt et un jours exigé par la Constitution, sans débats, par 112 voix contre 19, le 22 juillet. Le ministre de l'intérieur s'engagea à soutenir le nouveau texte devant la Chambre des députés.

Dans l'intervalle des discussions et pendant tout le mois de juillet, agitation de la presse et du monde politique ne fit que s'accroître. De toute part, des démonstrations contre et pour la loi furent faites, et notamment les représentants de la grande industrie du fer dans le nord-est et l'Association des industriels du district de Cologne se prononcèrent pour le texte de la Chambre des seigneurs et pour des mesures restrictives contre la liberté des associations.

Le projet revint une dernière fois devant la Chambre des députés. Le grand enjeu de la lutte était le vote des Nationaux-libéraux qui tenaient entre leurs mains le sort de la loi. La discussion eut lieu le 24 juillet. Presque tous les députés étaient présents, 15 membres seulement étaient en congé ou malades; les tribunes étaient remplies et une foule considérable se pressait aux abords de la Chambre. Le ministre de l'intérieur prit le premier la parole. Tout en reconnaissant — et ce langage était inattendu dans sa bouche — que la défense sociale devait prendre principalement son appui sur le terrain religieux et social, il montra l'agitation socialiste pénétrant dans les campagnes et menaçant même l'armée, fit valoir la nécessité de défendre la société contre ses ennemis irréconciliables, et demanda en termes formels le vote de la loi. M. v. Miquel intervint aussi dans la discussion, se défendit de vouloir porter atteinte aux libertés civiles, et, dans un langage conciliant, promit que la loi, si elle était votée, serait appliquée avec prudence et modération. Les Conservateurs et les Conservateurs libres (MM. v. Zedlitz, comte Limburg) appuyèrent les ministres et félicitèrent M. v. der Recke de ses déclarations énergiques; MM. Lieber, Hobrecht et Richter, au nom du Centre, des Nationaux-libéraux et des Progressistes maintinrent leur opposition à une loi qui ne remédiait à aucun mal et ne ferait que surexciter les adversaires de la société. On procéda au vote par appel nominal. 414 députés y prirent part. Les Nationaux-libéraux, dont on espérait la défection, restèrent fidèles à leurs engagements et la loi fut rejetée par 209 contre 205 et 1 abstention; la majorité se composait du Centre, des Progressistes, des Polonais et des Nationaux-libéraux sauf 2.

Un incident montre à quel point les esprits étaient surexcités : le National-libéral M. Schoof, ayant voté avec la minorité, fut exclu de son parti. La presse officieuse chercha à se faire illusion sur la défaite du gouvernement en déclarant que la partie n'était que remise, que la loi serait représentée et que l'autorité morale du gouvernement s'était accrue. La session fut close le jour même.

Un autre projet de loi n'a pas non plus été voté; spécial à la Silésie, il attribuait, en cas d'épizootie sur les porcs, aux propriétaires des bêtes atteintes une indemnité égale à la moitié au moins et aux trois quarts au plus de leur valeur. Discuté le 14 mai, il fut renvoyé à la commission agraire renforcée et reviendra en discussion dans une prochaine session.

Dans le cours de la session, la Chambre des députés a discuté *dix-sept propositions* émanant de l'initiative privée; deux ont été rejetées et trois sont restées en suspens.

1) M. v. Schenckendorff s'occupe avec un zèle infatigable des écoles et de l'éducation de la jeunesse. En 1885, il avait fait voter une motion en faveur de l'éducation physique et manuelle et des exercices du corps. En 1897, il a déposé une proposition demandant à l'État de développer par des subsides, à la fin du temps scolaire, l'enseignement primaire supérieur, professionnel, agricole ou commercial (*Fortbildungsschul-wesen*), et cet enseignement, qui serait obligatoire, devrait conduire les enfants jusqu'à l'époque du service militaire. Actuellement les écoles professionnelles sont indépendantes de l'État et leur création dépend de la libre initiative des particuliers ou des communes; il ne semble pas que cet enseignement soit en voie de se développer et le nombre des écoles supérieures tend plutôt à diminuer. Favorablement accueillie par la Chambre (10 décembre), la proposition a été renvoyée devant une commission de quatorze membres.

Sur un rapport très complet du docteur Glattfelder, la chambre a voté cinq résolutions qui résument et précisent ses désirs.

Le gouvernement est invité à développer les écoles professionnelles et les écoles supérieures rurales : en augmentant les subsides de l'État; en prenant à sa charge, si l'enseignement est libre, deux tiers et, s'il est obligatoire, trois quarts des dépenses autres que celles qui résultent des bâtiments, du chauffage et de l'éclairage, lesquelles seront supportées par la commune; en affectant des crédits au budget, à côté des écoles supérieures de filles, aux écoles de ménage et en prenant à sa charge la préparation des professeurs; en inscrivant au budget extraordinaire des crédits pour subvention à des constructions d'écoles; en adaptant le programme d'études aux nécessités de la vie civile et de la profession des élèves, eu égard aux circonstances locales. Sur la demande de M. v. Plettenberg (conservateur), la Chambre a voté, en outre, que dans le programme des études il serait tenu compte autant que possible des sentiments religieux. Un amendement plus précis de M. Dittrich (Centre), qui demandait qu'une place fût réservée à l'enseignement religieux et aussi que les mêmes subsides fussent accordées à toutes les écoles, que l'enseignement fût ou non obligatoire, a été rejeté. Le gouvernement s'est déclaré favorable à la proposition; le ministre des finances a seulement demandé qu'on procédât avec prudence et il a annoncé que le budget suivant aurait égard aux désirs de la Chambre (7 avril).

2) Proposition de M. Meyerbusch modifiant l'article 51 de la loi sur les impôts communaux. Aux termes de cet article, lorsque les centimes communaux s'élèvent à 100 pour 100 des impôts fonciers et à 150 pour 100

de l'impôt sur le revenu, les centimes additionnels peuvent être prélevés dans la proportion de 2 centimes sur l'impôt sur le revenu par chaque nouveau centime sur l'impôt foncier. La proposition demandait à élever la proportion de l'impôt sur le revenu de 2 à 3 et d'appliquer l'article 51 lorsque les centimes additionnels à l'impôt sur le revenu atteindraient 100 pour 100 seulement. C'était un moyen de décharger la propriété foncière. Combattue par le gouvernement (11 décembre), la proposition a été renvoyée à une commission qui l'a rejetée (3 février .

3) Proposition Langerhaus. Une ordonnnance de l'électeur Jean Georges, de 1573, et une ordonnance de 1708, encore en vigueur, obligent les communes à construire des temples, des presbytères et des logements de sacristain. Quoique tombées en désuétude, ces ordonnances ne sont pas régulièrement abrogées et récemment leur application a été réclamée à Berlin. M. Langerhaus a demandé leur abrogation par un projet de loi, en reportant sur les paroisses religieuses les obligations des communes. Il fit observer qu'un arrêt du tribunal de l'Empire avait récemment condamné la ville de Berlin à payer les frais de construction d'une école évangélique; depuis les ordonnances les temps ont changé; la commune ne se confond plus avec la paroisse, et il est injuste à une époque de liberté des cultes de faire payer les frais d'un culte par les membres des autres confessions. La discussion réveilla et surexcita le zèle religieux des Conservateurs qui demandèrent le rejet du projet. Le ministre des cultes recommanda une entente et fit entrevoir qu'elle pourrait être obtenue au moyen d'une indemnité allouée au consistoire. Renvoyé devant une commission (23 janvier), le projet fut accepté par 4 voix contre 6, c'est-à-dire par le Centre et les Nationaux-libéraux contre la droite (17 février), et la Chambre le vota à une petite majorité (19 et 22 mars). Il échoua devant la Chambre haute qui le rejeta.

4) Proposition Ring. La question des épizooties et de l'introduction du bétail étranger préoccupe vivement l'agriculture. En 1895, M. Ring, député conservateur, avait déjà appelé l'attention du gouvernement sur les conditions défectueuses de l'abattoir de Berlin. En 1897, il déposa une proposition, signée par 296 membres de tous les partis, afin d'élever de dix jours à quatre semaines le temps de la quarantaine, d'interdire absolument l'importation des oies et des porcs provenant de Russie et d'interdire temporairement l'importation des bœufs d'Autriche. Depuis 1881, l'importation du bétail étranger a augmenté dans une notable proportion et s'est élevée de 685 à 916 millions; il en est résulté le développement des épizooties et l'agriculture allemande a eu de ce chef, en 1895, 543000 têtes de bétail atteintes, dont 115000 de l'espèce bovine; en juillet 1896, il y avait dans 889 communes 3002 domaines frappés d'épizootie; en décembre, 3357 communes et 13941 animaux étaient contaminés. C'est à ce danger et à ces pertes désastreuses que la motion se propose de porter remède. M. Ring se plaignit en outre

de l'insuffisance du contrôle sur le bétail malade. Dans sa réponse, le ministre de l'agriculture renvoya à la discussion intervenue huit jours auparavant devant le Parlement fédéral, ce qui aurait dû le dispenser de nouvelles explications; tout en se déclarant, aux applaudissements de la droite, hostile aux traités de commerce, il affirma que les conventions internationales ne permettaient pas l'interdiction absolue des importations et qu'il était impossible de prolonger le temps de la quarantaine, mais il promit de prendre dans la mesure du possible les mesures nécessaires pour remédier au mal. Un sous-amendement de M. Letocha restreignait la motion Ring en permettant l'introduction des porcs russes dans la mesure nécessaire pour les besoins de la Silésie et sous condition qu'ils seraient abattus dans des abattoirs publics. Un autre amendement du comte Hoensbroech demandait l'interdiction de la viande fraîche provenant des Pays-Bas.

La discussion s'est prolongée pendant les séances des 29 janvier, 1 et 6 février. Les propositions Ring et Hoensbroech ont été votées; la motion Letocha a été rejetée. La Chambre a également voté contre le ministre une proposition de M. Hahn tendant à la constitution immédiate d'une commission chargée de déterminer le temps d'incubation de la fièvre aphteuse et autres maladies épidémiques (*Klauen u. Maulseuche*).

5) 1er mars, proposition de M. Knebel demandant que le droit à une pension de retraite soit réglé pour les employés municipaux de la province rhénane d'après les principes mêmes appliqués aux fonctionnaires de l'État. Actuellement la pension de retraite est l'exception et les maires ainsi que les employés forestiers y ont seuls droit. Appuyée par les Conservateurs et le Centre, la proposition a été renvoyée à la commission municipale, qui étendit ses dispositions, et la Chambre vota une résolution invitant le gouvernement à présenter un projet de loi qui réglerait la nomination et la mise à la retraite des fonctionnaires communaux (22 juin).

6) 2 mars, proposition de M. Brütt (conservateur) demandant une meilleure organisation des bacs du canal Kaiser Wilhem. Il n'existe sur le canal et sur une étendue de 90 kilomètres que deux ponts fixes et un pont tournant; toute la circulation repose sur des bacs qui sont au nombre de quatorze; ces bacs ont en 1896, en hiver, pendant une durée de six semaines, cessé tout service, à la grande gêne des habitants riverains, et les communications ont été par suite interrompues; il paraît de plus que le fonctionnement de ces bacs est défectueux et les accidents ne sont pas rares. La motion a été votée après une courte discussion.

7) Proposition émanant du parti conservateur et présentée par le Dr von Heydebrand, relative aux traitements des ecclésiastiques. Elle invitait le gouvernement à déposer le plus tôt possible un projet de loi qui améliorerait le traitement des ecclésiastiques des deux confessions en augmentant le crédit de 5 174 000 marks, inscrit au budget. Ce crédit a

pour objet d'assurer, après cinq ans de service, un traitement minimum de 2 100 marks aux pasteurs et de 1 800 marks aux curés catholiques, et d'élever ensuite par des classes d'ancienneté le traitement jusqu'à un maximum de 3 600 marks pour les premiers et de 2 100 marks pour les seconds. La proposition demandait en outre que les allocations de l'État ne fussent plus distribuées individuellement par l'administration, mais remises en bloc à chaque église, qui apprécierait les besoins et procéderait à la répartition d'après des règles fixes à établir; c'était substituer à l'ingérence de l'État l'indépendance relative des églises. Le premier point de la motion ne souleva aucune difficulté, tout le monde était d'accord. Les traitements sont actuellement insuffisants et le gouvernement ne pouvait refuser de les améliorer au moment même où il venait d'élever le traitement de ses fonctionnaires; c'est une question de dignité et de justice, et il importe à l'État même que les ecclésiastiques de chaque confession aient un traitement convenable. Le ministre des finances, M. von Miquel, défendit son budget en demandant l'ajournement de la motion, mais le ministre des cultes se déclara favorable au principe même. Il annonça qu'il avait prescrit une enquête afin de connaître les besoins réels, et promit de chercher une solution équitable d'accord avec les autorités ecclésiastiques. — La seconde partie de la proposition souleva plus de difficultés, quoique le D' von Heydebrand se fût habilement retranché derrière l'opinion de l'ancien ministre D' Falk, qui ne pouvait être soupçonné de faiblesse dans la défense des droits de l'État; les Nationaux-libéraux et les Conservateurs libres combattirent la proposition, tandis que le Centre, par l'organe de M. Dittrich et le pasteur protestant Stœcker se déclaraient partisans pour l'église d'une indépendance qu'ils trouvaient préférable à la tutelle de l'État. Renvoyée le 18 mars à la commission du budget qui l'accepta, la proposition fut votée dans ses deux parties à la séance du 7 mai. Des amendements (Haacke et von Zedlitz, conservateurs-libéraux), qui, en écartant la distribution par les églises, portaient à 1 800 marks le traitement des pasteurs et fixaient celui des curés catholiques « à un taux convenable », et un amendement, déposé par les Nationaux-libéraux, MM. Schmieding et Schaffner, qui se contentait de demander pour les ecclésiastiques un traitement en rapport avec leur situation sociale, furent rejetés. Le gouvernement fit espérer qu'un projet de loi serait déposé en 1898.

8) Motion du comte von Hoensbroech, demandant la suppression des acquits à caution (Zollcredite) en matière d'importation des céréales. Quoique la question soit du ressort du Parlement fédéral, la motion a été présentée pour appuyer une proposition analogue votée le 10 mars par le Reichstag, et elle invitait le gouvernement prussien à peser de son influence sur le Conseil fédéral. C'est la question du libre échange et de la protection en matière d'agriculture qui était de nouveau soulevée. Après une vive discussion dans laquelle les députés des différents partis se sont partagés au gré de leurs opinions économiques, la motion a

été votée à une grande majorité (27 avril). Ses défenseurs ont allégué l'augmentation croissante de l'importation du blé au détriment de la culture nationale, importation qui est favorisée par l'existence des acquits à caution et des entrepôts de transit (*Transitlager*); de grands moulins ont été établis pour l'exportation des farines, et ils profitent seuls du régime douanier, tandis que la petite meunerie est écrasée.

9) 19 mars. Proposition du Dr Virchow, signée par tous les membres de la commission des comptes, c'est-à-dire par quarante-huit députés de tous partis, demandant le dépôt par le gouvernement dans le cours de la session même d'une loi sur la comptabilité publique, loi qui est réclamée depuis 1862. La motion fut votée le 19 mars sans opposition de la part du ministre des finances.

10) Motion du comte von Brodnicki et des députés polonais demandant l'abrogation de la loi d'immigration du 26 avril 1886. Rejetée le 27 mars (1).

11) M. Motty et trente-sept députés appartenant principalement au Centre et au parti polonais déposèrent un projet de loi en dix-neuf articles qui autorisait, sous certaines conditions, des prêts dits d'amélioration aux propriétaires de domaines ruraux, pour leur permettre d'effectuer des travaux d'irrigation ou de desséchement. Discutée le 5 avril, la proposition fut renvoyée devant une commission qui la repoussa.

12) Motion des députés Seydel et Baensch-Schmidtlein demandant l'établissement d'une station météorologique sur la Schneekoppe (1 605 mètres d'altitude), dans les Riesengebirge (Silésie); c'est le point le plus élevé au nord du Danube. Il existe dans l'Allemagne du Nord 180 stations météorologiques et 1 834 stations pluviales (*Regenstationen*), reliées à l'Institut météorologique de Berlin, mais sur le sommet de montagnes il n'existe encore que la station du Brocken, récemment créée et qui rend déjà de signalés services. Bien accueillie par le ministre des cultes et de l'instruction publique, la motion, qui a été discutée avec le budget (6 mai), a été renvoyée devant la commission des finances et votée le 22 juin. Le comte Schaffgotsch, à qui appartient la montagne, s'est déclaré prêt à construire les bâtiments dont le coût s'élèverait de 30 000 à 40 000 marks. L'État les louerait moyennant un loyer de 2 000 marks et les frais annuels s'élèveraient en outre à 6 000 marks environ.

13) L'élan (*Elchwild*), qui existe encore dans la Prusse orientale (districts de Königsberg et de Gumbinnen) et en est, paraît-il, l'orgueil, tend à disparaître; le nombre des derniers représentants de cette grosse bête de chasse est en 1897 de 325 environ. Le baron von Gustedt-Lablacken déposa un projet de loi qui en interdisait complètement la chasse jusqu'au 1er septembre 1900; à partir de cette date, les mâles seuls pourraient être chassés et uniquement pendant le mois de sep-

(1) Nous avons rendu compte de la discussion. — Cf. p. 213.

tembre, sous peine d'une amende de 150 marks. Appuyé avec certaines
réserves par le ministre de l'agriculture, le projet a été renvoyé à la commission agraire (24 mai) et voté le 25 juin avec cette modification que la
chasse ne sera pas suspendue jusqu'en 1900, mais seulement limitée au
mois de septembre de chaque année.

14) Proposition de M. Euler (Centre), appuyée par soixante-seize
députés, demandant au gouvernement de prendre les mesures nécessaires
pour soutenir par ses subsides et développer les écoles professionnelles
des corporations ouvrières, notamment celles qui forment des maîtres
industriels (*Fachlehrer*) (24 mai). Les écoles existantes donnent peu de
résultats et une réforme paraît nécessaire ; en 1896, il existait 270 écoles
professionnelles (70 pour les coiffeurs, 30 pour les peintres, 30 pour
les serruriers, etc.); 20 seulement de ces écoles, dont 10 à Berlin,
avaient plus de cent élèves ; 15 en avaient de cinquante à cent, et
100 en avaient moins de vingt. En soutenant sa motion, M. Euler a
demandé que l'enseignement ne fût plus donné aux apprentis le diman-
che, mais à un jour de la semaine. L'école de Magdeburg, fondée par
la corporation des menuisiers, a été citée comme un modèle. Le gouvernement s'est déclaré favorable à la motion. Après le renvoi à la
commission du budget et sur un rapport favorable, la proposition a été
renvoyée au gouvernement pour être prise en considération (23 juillet).
Tous les partis l'ont appuyée.

15) Les députés danois Johannsen et Hanssen ont représenté la proposition rejetée l'année précédente et ont demandé que l'enseignement
religieux fût donné en danois dans les écoles primaires du nord du
Schleswig, pendant deux heures chaque semaine. Dans ces écoles une
ordonnance du président supérieur, en date du 18 décembre 1888, a
presque complètement proscrit la langue maternelle danoise et l'enseignement religieux est donné aux enfants dans une langue qu'ils
ne comprennent pas. C'est là, a dit M. Johannsen, une situation qui
n'existe chez aucun peuple civilisé. Mais la Prusse, qui s'est agrandie en
s'appuyant sur le principe des nationalités, est impitoyable pour les
nationalités dissidentes, et le gouvernement, soutenu par les Nationaux-
libéraux, s'est opposé à l'adoption de la motion, qui a été rejetée de
nouveau (22 juin).

16) Proposition de MM. Rickert et Traeger (progressistes), demandant
le vote d'une loi sur l'enseignement religieux pour les enfants dissidents
(22 juin). Actuellement les enfants qui appartiennent à une religion
reconnue doivent cependant dans les écoles primaires suivre l'enseignement religieux qui y est donné. La proposition, qui reconnaît aux
parents le droit de s'y opposer, a été soutenue par M. Rickert au nom
de la liberté de conscience. Le ministre des cultes, M. Bosse, a reconnu
les inconvénients de la situation, mais s'est retranché derrière la loi, en
ajoutant qu'il n'y avait pas d'inconvénient à ce que ces enfants appris-
sent à connaître la religion de la majorité. Renvoyée devant une com-

mission de vingt et un membres, la proposition n'est pas revenue en délibération.

17) Proposition de M. von Mendel-Steinfels, signée par cent trente-huit députés, demandant l'établissement d'un contrôle officiel obligatoire sur toute viande vendue au public et invitant le gouvernement à obtenir du Conseil fédéral que les viandes de provenance étrangère fussent soumises au même contrôle que les viandes indigènes. La proposition est en partie dirigée contre le Danemark dont les importations de viande ont été représentées comme dangereuses pour la santé publique. Après une assez longue discussion, qui s'est un moment égarée sur la loi sur les bourses, la motion, approuvée par le ministre de l'agriculture, a été votée à une grande majorité (23 juin).

Six interpellations ont été discutées devant la Chambre des députés.

1) Séance des 8 et 9 janvier 1897. — Interpellation de M. Stephan (Centre) sur la dissolution de réunions publiques dans la Silésie supérieure, à Beneschau, Beuthen et Wieschowa. On sait avec quelle rigueur le gouvernement poursuit toute manifestation de la vie polonaise : plusieurs réunions, même non politiques, avaient été dissoutes sous la seule raison que la langue employée était le polonais et que le fonctionnaire présent à la réunion ne la comprenait pas. C'est là, a dit l'orateur du Centre, une illégalité et une violation de la Constitution ; c'est de plus contraire à la jurisprudence du tribunal supérieur administratif (26 septembre 1876), et il a demandé au gouvernement quelles mesures il comptait prendre pour mettre un terme à de semblables abus. Le ministre de l'intérieur a défendu son administration ; il a affirmé, dans une réponse peu heureuse, que toutes les réunions de la haute Silésie devaient être surveillées avec soin et qu'il était de toute nécessité que la police pût comprendre les discours prononcés, et il a terminé en agitant le spectre du polonisme. C'est la négation du droit de réunion dans les pays, nombreux en Prusse, qui ne sont ni de race ni de langue allemandes ; c'est conclure, comme l'a fait remarquer un orateur, que le peuple est fait pour les fonctionnaires et non les fonctionnaires pour le peuple. L'interpellation a été soutenue par le Centre et les Progressistes, tandis que les Conservateurs ont appuyé les menaces du ministre et sont allés jusqu'à demander, s'il était nécessaire, la modification dans le sens de la rigueur de la loi sur les réunions. Au moment où le gouvernement prussien poursuit avec tant d'intolérance les langues nationales étrangères, il est intéressant de constater que, dans la discussion, un député du Centre, M. Dasbach, a vanté la tolérance qu'avait eue le gouvernement français pour les populations alsaciennes de l'Alsace-Lorraine, et il a attribué à cette tolérance l'affection gardée pour la France, « affection qui existe encore, après vingt-six années d'annexion ».

2) Le 2 janvier, la même question a été reprise par une interpella-

tion de M. Czarlinski, à raison de la dissolution, dans le courant de janvier, de cinq réunions publiques en Prusse occidentale. La discussion a amené à la tribune les mêmes orateurs. Le ministre a de nouveau affirmé le droit de faire dissoudre des réunions lorsqu'elles étaient tenues dans une langue que le fonctionnaire de la police présent ne comprenait pas, et de nouveau le Centre a invoqué le droit de réunion et a protesté contre une pratique qui est la négation formelle de l'article 30 de la Constitution. Le tribunal supérieur administratif a été saisi de la question de légalité. S'il ne conserve pas les prétentions de l'administration, le ministre a annoncé que le gouvernement recourrait à une loi spéciale, et, faisant allusion à l'agitation polonaise, il a déclaré en terminant qu'il se considérait comme placé aux avant-postes et qu'il agirait en conséquence.

3. 1ᵉʳ mars. Interpellation de M. v. Detten (Centre), sur l'importation de bois exotiques (*quebracho Holz*) et les mesures à prendre pour défendre la production des chênes nationaux et des écorces de chêne. L'industrie de la tannerie emploie depuis quelques années (1885) le quebracho, originaire de la Plata, dont l'écorce est plus riche en principes utiles que les écorces de chênes européens; il n'est frappé d'aucun droit de douane et est actuellement importé par grandes masses; de là, l'abaissement considérable du prix de l'écorce de chêne, qui est tombé de moitié, et une vive souffrance pour les propriétaires, surtout pour les petits propriétaires, « qui sont près de la ruine » (M. v. Erffa). D'autre part, quoique le cuir tanné avec le quebracho soit de qualité inférieure et moins résistant, les grandes tanneries qui se sont établies sur le bord de la mer et se servent de cette écorce peuvent par leur production et à raison de leur installation industrielle écraser la concurrence des petites tanneries qui emploient encore l'écorce de chêne. A ces deux points de vue la question présente un grand intérêt; elle touche aussi les pays étrangers et notamment la France et l'Autriche qui importent en Allemagne de grandes quantités d'écorce de chêne et ont vu cette importation se réduire singulièrement. Les adversaires du quebracho demandent l'établissement d'un droit de douane. Le ministre du commerce, M. Brefeld, a répondu que les traités de commerce et la difficulté de s'entendre avec les autres pays étaient un obstacle insurmontable; le droit de douane n'aurait d'autre résultat que de faire préparer les cuirs à l'étranger au détriment du travail national. Les Nationaux-libéraux ont combattu, au nom de la liberté de l'industrie, l'interpellation que soutenaient le Centre et les Conservateurs; c'est une nouvelle forme de la crise agricole. La question n'est pas nouvelle; elle préoccupe surtout la province rhénane et la Westphalie qui, sur 323121 hectares de bois à écorce en possèdent 257.180 hectares. Déjà le 7 mai 1891, la Chambre des députés avait, sur des pétitions à ce relatives, voté l'établissement d'un droit de douane; le 18 janvier 1895, le Parlement fédéral et, au printemps de 1895, la Chambre des députés

de Bavière avaient exprimé le même vœu; le 31 mai 1895, la diète provinciale rhénane et de nombreuses associations agricoles avaient également fait entendre leurs plaintes; néanmoins, par décision du 25 octobre 1895, le Conseil fédéral a rejeté les demandes. Il ne semble pas que l'interpellation de 1897 doive avoir plus de succès.

4) 2 mars. Interpellation de M. Felisch (conservateur), signée par 139 députés, sur les métiers et l'organisation industrielle. Un projet de loi sur la matière avait été publié par le *Journal officiel* du 3 août 1895. M. Felisch demande s'il ne répond plus aux intentions du gouvernement et pour quels motifs il n'a pas été déposé devant le Parlement fédéral; il rappelle que la loi industrielle de 1899 a mis fin à l'organisation des corps de métier; il en est résulté l'affaiblissement de la situation des patrons; il n'y a plus en présence que deux hommes : celui qui donne le travail et celui qui s'en charge, et toute organisation a disparu; la loi protège l'ouvrier, qu'a-t-on fait pour le petit patron, qui se trouve complètement désarmé en face des exigences ouvrières? C'est à la disparition de l'ancien patron et de son autorité familiale qu'il faut rattacher le développement si rapide du socialisme. Pour remédier au mal, on a essayé de reconstituer des corporations, on a adopté des mesures pour l'éducation des apprentis; cela n'est pas suffisant, une réorganisation générale s'impose, et les interpellateurs réclament le dépôt d'un projet de loi qui assurerait des droits aux corporations et établirait un certificat de capacité. De son côté, M. Plesz (Centre) demande que les corporations soient obligatoires. M. Ehlers (progressiste) combat ces propositions, tout en préconisant des mesures qui faciliteraient le crédit et l'enseignement professionnel. Dans sa réponse, le ministre du commerce, M. Brefeld, favorable à la corporation obligatoire, reconnaît l'état de souffrance de la petite industrie et expose les vues du gouvernement : l'établissement général d'un certificat d'aptitude professionnel est impraticable, et il doit être restreint aux métiers d'intérêt public; la question sera soumise au Parlement fédéral et un projet de loi réorganisant l'industrie sera déposé avant le 15 mars.

5) 25 juin. Interpellation de M. v. Arnim sur la bourse des céréales de Berlin. On sait les difficultés qu'a soulevées l'application de la loi sur les bourses du 24 juin 1896 et l'interdiction des marchés à terme. A la suite de ces difficultés, les négociants en céréales de Berlin quittèrent la Bourse et se réunirent en assemblée libre au « Palais des fées » (Feen Palast), où ils reprirent leurs opérations. Le palais fut fermé; ils se transportèrent alors à ce qui s'appelle à Berlin la *Getreide-frühbörse* ou bourse matinale des céréales, laquelle se tient de huit heures et demie à dix heures et demie du matin dans le local même de la Bourse. M. Ring, qui soutient l'interpellation, demande pourquoi cette bourse n'est traitée ni comme une bourse réelle, ni comme un marché; si elle est une bourse, pourquoi la tolère-t-on malgré la loi? Si elle est un marché, pourquoi l'entrée en est-elle interdite aux cultivateurs et au public? Le

ministre, M. Brefeld, répondit qu'il ne s'agissait en réalité que d'un marché privé, qui ne peut être mis sous la surveillance de la police et auquel la loi sur les bourses n'est pas applicable.

b) Une interpellation, déposée le 23 juillet par le comte v. Schwerin-Löwitz et signée par 137 députés sur la suite donnée par le gouvernement au vote de la Chambre des députés relatif à la suppression des acquits-à-caution (motion Hoensbroech), n'a pu être discutée à raison de la clôture de la session.

1115 *pétitions* ont été adressées à la Chambre des députés; 173 ont été examinées avec les projets de loi ou propositions auxquels elles se rapportaient; 87 ont été écartées sans débat; 219 ont été renvoyées au gouvernement et il a été passé à l'ordre du jour sur 163; 203 restent à examiner. Parmi les pétitions qui ont fait l'objet d'un débat public, nous signalerons les suivantes :

Pétition du rabbin d'Aix-la-Chapelle, demandant l'introduction de l'enseignement religieux juif au gymnase d'Aix-la-Chapelle, qui compte 89 élèves juifs. Il a été répondu que les seules religions reconnues étaient les religions catholique et protestante et que la religion juive n'était que tolérée; aussi l'État n'avait pas à supporter les frais de l'enseignement religieux juif; tout au plus accepterait-il d'y contribuer pour moitié. L'ordre du jour a été voté (23 janvier).

Pétition de la paroisse de Bomst et de l'Association pour la protection de la chasse de la province rhénane sur l'exercice du droit de chasse. Aux termes de la loi sur la chasse, les propriétaires d'une terre de plus de 300 arpents d'un seul tenant ont seuls le droit de chasse; or, un arrêt du tribunal supérieur administratif du 20 avril 1895 avait décidé, contrairement à la jurisprudence des tribunaux judiciaires, qu'une propriété séparée en deux par une voie ferrée constituerait deux propriétés distinctes, la voie étant non pas un chemin, mais une propriété elle-même, et il était résulté de cette doctrine la privation du droit de chasse pour des propriétés dont l'étendue totale était supérieure à 300 arpents. La décision avait causé une vive émotion dans le monde des propriétaires et des chasseurs, et de nombreuses pétitions demandaient que la question fût tranchée législativement. Sur l'avis de la Commission agraire, les pétitions furent renvoyées au gouvernement avec invitation de déclarer que les chemins de fer seraient, au point de vue de la chasse, assimilés aux chemins ordinaires (15, 22 février). La question a été tranchée dans ce sens par une loi émanant de l'initiative privée et déposée à la Chambre des seigneurs à la suite du rapport sur des pétitions analogues.

Pétition de différentes sociétés commerciales de Breslau, demandant que les associations coopératives de consommation fussent soumises à l'impôt sur le revenu. L'association coopérative de Breslau, vieille déjà de trente ans, compte 40685 membres; elle a 51 dépôts; son personnel comprend : 231 employés, 70 boulangers, 49 cochers, 1 mécanicien, 11 ouvrières, etc.; elle a eu dans les dernières années un mouvement d'affaires de 10 millions de marks; les bénéfices ont été de 1 150 000 marks et elle a distribué des dividendes s'élevant à 10 pour 100 du montant des marchandises achetées; elle écrase à Breslau le commerce de détail d'épicerie, vins, boulangerie, charcuterie, et n'est cependant pas soumise à l'impôt sur le revenu qui grève le commerce, parce qu'aux termes de la loi elle n'est pas une société reconnue à personnalité civile; elle supporte seulement l'impôt industriel. C'est un épisode de la guerre ouverte dans tous les pays entre les consommateurs et les sociétés coopératives d'une part et le commerce de détail d'autre part. Très favorablement accueillie par la Chambre, la pétition a été renvoyée au gouvernement pour être prise en considération (2 mars). Il semble cependant qu'il ne pourra être remédié à la situation que par la modification des lois fiscales.

Une pétition des habitants d'un petit village du district de Merseburg, Holzweissig, a demandé la création d'une école catholique publique. Elle a donné lieu à un assez vif débat; quoique cette commune compte 76 enfants catholiques, la municipalité se refuse à créer une école catholique, tandis que dans d'autres localités il existe des écoles séparées protestantes pour des minorités de 7 à 20 enfants. Renvoi au gouvernement (7 avril). La discussion a montré quels obstacles rencontrent généralement les revendications les plus légitimes des catholiques et des Polonais.

Pétition émanant de la diète provinciale de Saxe sur l'internement des criminels aliénés. Il ne s'agit pas des aliénés qui commettent un crime sous l'influence de la folie, mais des criminels sains d'esprit qui deviennent aliénés après la condamnation. Ils sont actuellement enfermés dans les asiles provinciaux qui reçoivent les autres aliénés; ainsi la maison de Niethleben comprend, sur 500 malades, 133 criminels. Cette circonstance a pour conséquence de modifier complètement le régime suivi; il n'est plus possible d'appliquer le système du *No restraint*, c'est-à-dire de la liberté relative et de la douceur, avec la distribution des malades dans de petits pavillons isolés, et l'internement rigoureux devient nécessaire. C'est contre cette pratique que la pétition protestait. Renvoi au gouvernement pour examen (7 avril).

Pétition des prêtres du doyenné de Kempen demandant la revision de la loi du 20 juin 1875 sur l'administration de la fortune des paroisses catholiques et la suppression de la représentation de la commune. Aux termes de la loi en vigueur, l'administration de la fortune des paroisses catholiques est confiée à deux conseils, un conseil de fabrique composé du curé et de 4 à 10 conseillers élus (*Kirchenvorstand*) et un conseil communal composé de 12 à 30 membres élus. C'est de ce dernier conseil que la pétition demandait la suppression. Dans certaines questions, les deux conseils doivent agir d'accord. Il résulte de ce

dualisme des inconvénients et des complications administratives;
d'ailleurs, en fait, les représentants de la commune se désintéressent
presque toujours de cette administration; il ne se présente pas d'électeurs
aux élections, et les membres élus n'assistent pas aux séances du conseil
(discours de MM. Dasbach, Stephan, Lieber). Il a été répondu qu'il était
bon qu'il y eût dans le conseil de fabrique des éléments chargés de
contrôler son administration, et qu'au surplus la loi permettait de supprimer la représentation communale, sur la demande de la majorité des
électeurs. Malgré les Nationaux-libéraux et le commissaire du gouvernement, renvoi de la pétition au gouvernement pour être prise en
considération (1ᵉʳ juin).

Aux termes d'un ordre de cabinet du 21 novembre 1800, les enfants
de parents appartenant à des confessions différentes doivent être élevés
dans la religion du père, à moins de déclaration contraire. Des arrêtés
des régences de Dantzig et Königsberg exigent que cette déclaration soit
donnée devant le *Landrath*, un notaire ou un juge. Des pétitions ont
demandé le retrait de ces arrêtés. La Chambre a passé à l'ordre du jour
(1ᵉʳ juin). La même question avait déjà été soulevée en 1895 (1) et les
pétitions n'avaient pas reçu un meilleur accueil.

Pétition de l'association féministe (*Frauenverein*) de Berlin. L'administration prussienne ne semble pas témoigner une grande bienveillance
aux femmes qui aspirent à faire des études universitaires et à arriver
aux carrières libérales. En 1895, huit femmes seulement ont été autorisées par le ministre à passer l'examen de maturité (*Maturitäts-Exa-
men*) et elles n'ont pu être admises de plein droit à suivre les cours
universitaires; la décision dépend, en effet, de l'autorité universitaire qui
repousse souvent les demandes, et, dans tous les cas, elles ne sont
admises qu'à titre de tolérance (*Gastweise*). A la suite de ces faits,
l'association féministe de Berlin a demandé aux Chambres, par voie de
pétition, que les universités fussent ouvertes aux femmes qui ont passé
l'examen et qu'elles pussent être admises aux cours sur le même pied
que les étudiants masculins et immatriculées comme eux. La Commission
n'a pas voulu aller aussi loin dans la voie de l'émancipation et a proposé
l'ordre du jour. Dans la séance du 21 juin, M. Rickert (progressiste) a
soutenu la pétition : il expose les efforts que font les femmes pour arriver
à une situation indépendante; il rappelle les cours d'études secondaires
(*Gymnasial Kurse*) fondés à Berlin, avec beaucoup de persévérance,
par Mˡˡᵉ Hélène Lange, qui est à la tête du mouvement, avec le concours
d'hommes éminents comme le prince v. Carolath, MM. v. Bunsen,
Delbrück, Gneist, v. Werner, etc.; la conséquence doit être l'admission
des femmes aux études universitaires, et à ce propos il cite l'opinion du
professeur anglais d'Oxford, M. Max Müller, qui déclare que d'après sa
propre expérience il a toujours vu « les hommes travailler aussi peu que

(1) Cf. *Bulletin*, 1895, p. 171.

possible et les femmes autant que possible ». Dans sa réponse le commissaire du gouvernement a cité quelques chiffres : jusqu'en 1897, 10 à 12 femmes seulement ont passé l'examen de maturité et 223 sont actuellement autorisées à suivre comme potes (*Hospitantinnen*) les cours dans les universités prussiennes; dans le semestre d'été de 1897, on en compte 111 à Berlin. On ne peut donc dire que l'administration fasse preuve de mauvaise volonté, mais il faut agir avec prudence et reconnaître à l'initiative des professeurs le droit d'autoriser ou de refuser l'admission des femmes à leurs cours. M. Richter demandait le renvoi de la pétition au gouvernement; après une longue discussion sa proposition a été rejetée à une faible majorité et l'ordre du jour voté.

Vingt et une pétitions ont demandé l'abrogation du privilège des fonctionnaires qui ne sont pas soumis aux impôts communaux. Malgré les réserves formelles du commissaire du gouvernement, la Chambre a, sur la conclusion de la Commission, renvoyé les pétitions au gouvernement en l'invitant à déposer, dans la session de 1898, un projet de loi qui réglerait la situation des fonctionnaires au point de vue de la participation aux impôts communaux (24 juin).

Pétition du bureau de l'association des agriculteurs de Westphalie. Dans un district minier lorsqu'un dommage est causé aux propriétés de la surface par l'exploitation des mines, en cas, par exemple, de disparition d'une source ou d'affaissement du sol, il est souvent difficile de discerner quelle est l'exploitation minière qui a causé le préjudice. Il en résulte des procès fréquents, de longue durée, qu'on a vu se poursuivre pendant dix ans, et souvent aussi le préjudice n'est pas réparé, dans l'ignorance où reste la justice de l'auteur du dommage. L'association des agriculteurs de Westphalie a demandé que les différentes exploitations minières du district fussent tenues pour responsables; elles seraient représentées par une Commission qui esterait en justice, répondrait du dommage et exercerait ensuite son recours contre la mine responsable. La Commission avait estimé que la pétition tendait à créer des associations obligatoires dans l'intérêt des tiers, ce qui serait contraire à la loi, et sans vouloir entendre le commissaire du gouvernement, elle proposa à la Chambre de passer à l'ordre du jour. Après une assez longue discussion, la Chambre a au contraire renvoyé la pétition à l'examen du gouvernement (23 juillet).

Enfin, la Chambre a examiné, dans plusieurs séances, un grand nombre de pétitions ayant trait à la construction de lignes de chemins de fer, à l'établissement de tribunaux de bailliage, à l'amélioration et à la réforme de la loi sur les impôts communaux, et surtout à des augmentations de traitement demandées principalement par les agents des chemins de fer, les employés et greffiers de tribunaux, les professeurs et les ecclésiastiques.

La *Chambre des seigneurs* a siégé les 20 et 21 novembre, 16 et

17 décembre, du 21 au 25 janvier, du 15 au 19 février, le 20 mars, du 21 au 31 mai, du 23 au 30 juin et le 22 juillet; elle a tenu vingt-sept séances. Dans le cours de la session, elle a perdu son président, le prince Stolberg-Wernigerode décédé le 19 novembre et 13 autres de ses membres; 20 nouveaux membres ont pris séance, parmi lesquels nous relevons le conseiller commercial Krupp, chef des grands ateliers d'Essen.

Elle a élu pour président le comte v. Solms Hohensolms (16 décembre), et, sur son refus, le prince v. Wied (21 janvier), par 118 voix contre 91 données au duc v. Ratibor. Elle a adopté les différents projets de loi votés par la Chambre des députés et a seulement repoussé la loi émanant de l'initiative privée (proposition Langerhaus), qui abrogeait les ordonnances électorales de 1657 et 1702 sur les frais de construction des temples protestants; tout en reconnaissant que ces ordonnances ne répondent plus aux besoins actuels, il a été objecté que le projet, inspiré uniquement par l'intérêt de Berlin, était d'une portée générale et entraînait pour plus de 2000 communes des conséquences qu'on ne pouvait prévoir et que d'ailleurs il n'était pas juste de porter atteinte sans indemnité à des droits existants.

Neuf propositions émanant de l'initiative privée ont été portées devant la Chambre haute, la plupart se rapportant à l'agriculture et aux chemins de fer :

Proposition du comte v. Knyphausen sur la loi sur la chasse. Déposée à la suite de pétitions de la société pour la protection de la chasse de la province rhénane, elle a été votée le 21 janvier sous forme d'un projet de loi, et assimile les chemins de fer aux chemins ordinaires.

Dans la séance du 23 janvier, le comte v. Frankenberg a soutenu trois propositions relatives aux chemins de fer et a demandé au gouvernement de remédier au manque de voitures de chemins de fer, d'abaisser le tarif de transport des produits industriels, et d'établir les tarifs de pénétration (*Staffeltarife*). Le manque de wagons de marchandises se serait produit dans les districts miniers de Silésie et dans le district de la Ruhr et a causé de graves préjudices à l'industrie; à certains jours, il n'aurait pas été inférieur à 21 pour 100 des besoins. Le ministre a annoncé qu'au budget de 1897-98 des crédits étaient inscrits pour 15 millions au budget ordinaire et 12 millions au budget extraordinaire, afin de remédier au mal. La Chambre des seigneurs a néanmoins renvoyé la première proposition à l'examen du gouvernement. Sur les deux autres propositions la discussion s'est continuée dans la séance du 16 février. La question des tarifs par zone ou de pénétration est la vieille querelle entre l'Est et l'Ouest de la Prusse : les provinces occidentales, la Prusse rhénane, la Westphalie, pays de culture, déjà envahies par le blé étranger qui arrive par mer, s'opposent à ce que l'abaissement des tarifs vienne encore jeter sur le marché de grandes quantités de blé provenant de l'Est et écraser l'agriculture locale, tandis que les provinces pauvres de l'Est réclament le moyen d'exporter et de vendre les

céréales qu'elles produisent. Les tarifs par zone qui existaient antérieurement avaient été supprimés au moment du vote des traités de commerce par une sorte de dédommagement pour les préjudices que pouvait causer à l'agriculture le vote de ces traités. La commission proposa
le rétablissement des tarifs spéciaux pour les marchandises transportées
par grandes masses. La Chambre haute alla plus loin, et, sur la proposition du comte v. Stolberg-Wernigerode, invita, à une petite majorité, le
gouvernement à les rétablir, à la place des tarifs kilométriques, pour
toutes les marchandises.

21 janvier. Proposition de M. v. Moyrsch demandant l'élévation des
traitements des assesseurs de régence. Rejet.

Motion du comte v. Frankenberg demandant au gouvernement d'appuyer devant le Conseil fédéral le projet de loi déposé devant le Parlement fédéral sur le commerce des beurres, fromage et graisse. Le
Reichstag avait voté, le 2 juillet 1895, une loi qui avait pour but de compléter la loi du 1er octobre 1887 sur le commerce de la margarine et de
combattre la concurrence que fait ce produit artificiel au beurre et
autres produits naturels; cette concurrence est redoutable : le nombre de
fabriques de margarine s'est élevé de 43, en 1887, à 73, en 1895, et la
production annuelle de 300 000 à 1 800 000 quintaux. En votant la loi, le
Parlement avait introduit, malgré le gouvernement fédéral, deux dispositions qui interdisaient la coloration de la margarine et la vente dans
les mêmes locaux du beurre et de la margarine. Sur la proposition de la
Prusse, le Conseil fédéral n'approuva pas la loi. Un nouveau projet, qui
modifie un peu les dispositions, notamment en n'exigeant plus le commerce séparé que dans les villes de plus de 5000 habitants, a été déposé
par 158 membres dans la session de 1897 du Reichstag, et le ministre de
l'agriculture a laissé espérer qu'une entente serait possible. La proposition du comte v. Frankenberg a été votée à l'unanimité contre 6 (19 février). Elle était signée par 74 membres, parmi lesquels figure le prince
de Bismarck avec son titre de duc de Lauenbourg.

Proposition du comte v. Knyphausen sur la chasse des oiseaux d'eau
dans la Frise orientale. La proposition, qui a pour but de modifier et de
simplifier les dispositions de la loi en vigueur, a été votée par les deux
Chambres sous forme de loi (24 mai, 28 juin).

Une proposition du comte v. Stolberg-Wernigerode, demandant la
suppression des acquits-à-caution dans l'importation des céréales, a été
votée à une grande majorité (21 mai). La Chambre des députés a voté
une proposition analogue.

Proposition du comte v. Frankenberg demandant qu'à l'avenir l'État
n'impose de nouvelles charges aux provinces que sous condition de leur
allouer des ressources correspondantes et qu'une partie des excédents du
budget soit chaque année répartie entre les provinces. Discutée dans la
séance du 25 juin, la proposition a été renvoyée à une commission après
les observations de différents orateurs et du ministre des finances.

Proposition du comte v. Tschirschky-Renard demandant la transformation en parc de la forêt de Grünewald. Cette forêt, située près de Berlin, a une étendue de 4000 hectares et est remarquable par la beauté de ses arbres et le pittoresque de ses lacs. La proposition avait l'inconvénient de grever le Trésor, en supprimant les coupes annuelles, d'un revenu considérable; elle n'a pas été acceptée dans sa teneur première, mais la Chambre haute, favorable à son principe, a voté une résolution proposée par le baron Lucius v. Ballhausen et invitant le gouvernement à administrer la forêt dans l'intérêt du public et à conserver les vieilles futaies sans les diminuer par des ventes (31 mai).

Proposition de M. v. Jerin-Gesetz relative aux circonscriptions scolaires de la province de Saxe. La proposition a été retirée et simplement renvoyée au gouvernement avec une pétition sur le même objet (28 juin).

La Chambre des seigneurs n'a discuté que trois interpellations :

17 décembre 1895. Interpellation du comte v. Stolberg-Wernigerode sur les bourses de céréales et l'application de la loi sur la bourse.

27 janvier 1897. Interpellation du comte v. Klinckowstroem sur l'exportation des farines provenant des blés exotiques introduits en franchise par les moulins à cylindre de Königsberg. Le règlement administratif du Conseil fédéral prévoit que le rendement en farine est de 65 pour 100, et c'est sur cette base que l'exportation est réglée; or les moulins de Königsberg et d'Altona ont pu élever le rendement jusqu'à 80 et 82 pour 100; il en est résulté l'introduction en franchise de grandes quantités de blé qui n'ont pas été transformées en farines et ont fait concurrence à la production nationale. Le ministre des finances a annoncé la revision des règlements. La question est difficile à trancher, l'élévation du rendement pouvant entraîner la disparition des petits moulins qui n'ont pas des machines perfectionnées.

20 mai. Interpellation du comte v. Kleist-Schmenzin sur l'application de l'impôt sur le revenu; il relève que les contribuables sont à la merci des autorités fiscales lorsqu'une déclaration n'est pas acceptée; la procédure d'appel n'est qu'une formalité inutile et illusoire, la commission approuvant toujours l'estimation des autorités inférieures, et il ne peut en être autrement, chaque commission d'appel jugeant jusqu'à 15000 affaires. Le ministre des finances répondit que la loi était appliquée avec tolérance et justice, mais se déclara prêt à y introduire les améliorations que suggérerait la pratique.

105 pétitions ont été adressées à la Chambre des seigneurs; sauf deux, elles ont toutes été examinées et rapportées. Quelques-unes, sur l'exercice du droit de chasse (21 janvier) et l'internement des criminels aliénés (15 février), avaient été également déposées devant la Chambre des députés. Un grand nombre de pétitions ont demandé l'amélioration de la situation des fonctionnaires (21 et 23 janvier, 25, 28, 31 mai), l'augmentation du traitement et des pensions de retraite des maîtres et profes-

seurs (23 juin), et l'établissement de lignes de chemins de fer (21 janvier, 15 février, 29 mai), et ont été discutées avec le budget. La Chambre
haute en a pris quelques-unes en considération et a même notamment
recommandé à l'unanimité au gouvernement la pétition des pasteurs
protestants qui demandaient l'amélioration de leur traitement (28 mai).
Parmi les pétitions renvoyées à l'examen du gouvernement, nous relevons encore de nombreuses pétitions demandant la suppression du privilège d'exemption des impôts communaux accordé aux fonctionnaires
(25 mai), les pétitions des municipalités de Berlin et de Wiesbaden contre l'établissement par l'État de taxes de construction (31 mai) et une
pétition de la ville de Dortmund sur les écoles protestantes et les ins-
pections (23 juin).

Le Landtag a été prorogé le 21 juillet par un décret daté de Trave-
münde à bord du *Hohenzollern*, le 1 juillet. La Chambre des députés
avait tenu 103 séances publiques et 182 séances de commissions; la
Chambre des seigneurs, 27 séances publiques.

La vie politique de la Prusse a été assez agitée pendant la première
moitié de l'année 1897. Après le discours de l'Empereur, au banquet de
la diète de Brandenburg, dans lequel il attaquait les socialistes avec son
énergie accoutumée, le télégramme sensationnel adressé au prince
Henri est venu manifester le mécontentement impérial contre le Parlement fédéral qui n'accordait pas les crédits demandés pour la marine
(avril). Dans ce télégramme, qui n'a pas été démenti, l'Empereur expri-
mait au prince ses regrets de ne pouvoir envoyer au jubilé de la reine
d'Angleterre de meilleur vaisseau que le *Deutschland* et s'élevait
contre l'attitude de « ces sans-patrie » qui s'opposaient à la création
d'une flotte nécessaire. L'attaque visait et atteignait directement le
Reichstag et souleva une certaine mauvaise humeur. En même temps
il semblait que le gouvernement fût hors d'état d'aboutir sur deux points
importants qui préoccupaient le monde politique, la réforme de la loi
sur les associations et la réforme du Code de procédure criminelle militaire, d'après lequel les conseils de guerre jugent toujours à huis clos.
On parla de nouveau de tiraillements entre les ministres et l'Empereur,
de crise ministérielle et on alla jusqu'à annoncer la retraite du chancelier (mai). Ces incidents entretenaient un malaise général que l'acquittement du commissaire von Tausch, dont nous parlerons plus loin, est
encore venu aggraver, et les attaques redoublèrent contre les ministres
qui étaient considérés comme les adversaires du prince de Bismarck,
MM. von Bötticher et von Marschall, poursuivis depuis longtemps par ce
qu'on appelle la fronde bismarckienne. Dans la séance du Reichstag du
18 mai, le député progressiste, M. Richter, se fit en quelque sorte l'in-
terprète de ces inquiétudes et de ces malaises de l'opinion publique en
prononçant ces graves paroles : « ...Depuis dix ans, l'esprit monarchique
« ne s'est pas développé; au contraire, il a diminué d'une façon qu'il y

« a dix ans je n'aurais pas tenue pour possible, non pas peut-être par
« suite de l'agitation socialiste, non, mais par suite d'événements qui
« n'appartiennent pas aux discussions parlementaires, événements qui
« provoquent la critique non pas seulement dans la bourgeoisie, mais
« aussi dans le monde des fonctionnaires et jusque dans le corps des
« officiers. L'Allemagne est une monarchie constitutionnelle et il ne
« convient pas de gouverner d'après le programme : *Sic volo, sic jubeo,*
« — *regis voluntas suprema lex.* On peut bien le faire quelque temps
« en Russie ; mais le peuple allemand ne se laisse pas à la longue gou-
« verner ainsi. » A ces paroles, qui furent saluées à gauche par de vifs
applaudissements et qui semblent indiquer un mécontentement grandis-
sant, le ministre, M. von Bötticher, ne répondit pas. La crise se dénoua
après l'acquittement de M. von Tausch, qui fut un échec personnel pour le
ministre des affaires étrangères, par la retraite de MM. von Marschall et
von Bötticher (juillet). Le ministre des finances prussien, M. von Miquel,
fut nommé vice-président du Conseil des ministres ; M. von Bülow, élève
et ami du prince de Bismarck, fut nommé secrétaire d'État aux affaires
étrangères, le comte von Posadowski, secrétaire d'État à l'intérieur et un
général, M. von Podbieski, devint directeur des postes fédérales. Le
changement de ministres fut considéré par les conservateurs et les
agrariens comme un succès de leur politique et un retour aux idées du
prince de Bismarck ; le rapprochement fut souligné par la visite que
M. von Bulow fit immédiatement au vieil homme d'État. En Allemagne,
les crises ministérielles ne dépendent pas du Parlement ou des mouve-
ments de l'opinion publique ; elles ne relèvent que de l'Empereur dont
la volonté est toute-puissante. Au milieu des nuages et des soubresauts
où se complaît cette volonté, il est difficile d'indiquer nettement la
cause d'un changement politique ou d'en prévoir les conséquences, et
tout pronostic serait imprudent. On ne peut que constater le mécontentement qui semble exister par suite de l'absence de tout programme et
le désarroi de la politique intérieure. Cette situation a été caractérisée en
ces termes par la *Correspondance de Hambourg* : « L'Empereur est son
« ministre et son chancelier ; il ne veut que des instruments ; il cherche la
« grandeur de l'Allemagne par des chemins et par des voies que ne suit
« pas son peuple. » M. von Miquel, dont l'influence est souvent prépon-
dérante, semble avoir compris les dangers qui peuvent en résulter et
dans un discours prononcé à Solingen, en juillet, il a fait appel à la
fusion des partis dans le sentiment national. A la fin de l'année 1897, en
décembre, les événements de Chine et l'action heureuse imprévue et
rapide de la politique impériale sont venus apporter un dérivatif aux
difficultés intérieures.

— Les rapports de l'Empereur avec le prince de Bismarck ont été
soumis pendant l'année 1897 aux alternatives de disgrâce et de faveur
qui en sont le propre. Après la révélation par les *Hamburger Nachrich-*

len du traité secret russo-allemand, révélation qui a été attribuée à l'ancien chancelier, la tension a été extrême et l'Empereur a refusé en janvier de se trouver en présence du comte Herbert von Bismarck au mariage de la fille du ministre de la maison royale, M. von Wedell, avec un comte von Bismarck-Bohlen; plus tard, au moment de la fête du prince, aucun souvenir de l'Empereur n'est arrivé au chancelier au milieu des 3.000 télégrammes et des 2.000 lettres qu'il s'est glorifié d'avoir reçus. Après les changements ministériels du mois de juillet, la réconciliation est intervenue et le 17 décembre l'Empereur est allé à Friedrichsruhe rendre visite au prince et a dîné chez lui.

Deux grands procès politiques ont particulièrement, en 1897, occupé l'attention publique.

Le D᷊ Peters, commissaire fédéral allemand en Afrique, avait été destitué de ses fonctions par jugement du tribunal disciplinaire de Berlin en date du 24 avril (1); il a fait appel devant la Cour disciplinaire, et le jugement a été confirmé par arrêt du 5 novembre; l'exactitude des faits criminels qui lui étaient reprochés a été reconnue.

Le procès du chef de la police politique, le commissaire von Tausch, souleva une bien plus grande émotion. Il jette sur les procédés de la police prussienne un jour si caractéristique que nous devons lui consacrer quelques lignes. On se rappelle qu'à la fin de l'année 1896, les journalistes politiques, MM. Leckert et von Lutzow, avaient été poursuivis et condamnés pour diffamation à l'occasion de la reproduction du toast du tzar à Breslau (2). A la suite de ses dépositions à l'audience comme témoin, M. von Tausch fut arrêté. Après une instruction qui dura près de six mois, MM. von Tausch et von Lutzow, tous deux anciens officiers de l'armée allemande, furent traduits le 21 mai devant la Cour d'assises de Berlin. M. von Tausch était accusé de faux témoignage et aussi de manquement grave à ses services en ne dénonçant pas les faux et les tromperies de son coaccusé. L'accusation lui reprochait notamment de s'être mêlé à des intrigues politiques dirigées contre M. von Marschall et d'avoir inspiré, malgré ses démentis, un certain nombre d'articles politiques, à allure tendantieuse, parus dans les journaux le *Berliner Tagblatt*, la *Deutsche Rundschau*, la *Deutsche Zeitung*, le journal de la *Saal*, etc. Von Lutzow était accusé de faux et de tromperie. Quatre-vingts témoins furent cités et parmi eux les personnages les plus élevés de la hiérarchie prussienne, le comte von Eulenburg, MM. von Marschall, von Köller, le ministre de la guerre, des anciens ministres et tout un monde de journalistes.

Les débats se prolongèrent pendant dix audiences, du 21 mai au 4 juin, et donnèrent lieu à des scènes violentes entre les deux accusés et aussi à

(1) Cf. p. 221.
(2) Cf. p. 199.

des incidents tumultueux ou scandaleux. Le défenseur de von Lutzow, l'avocat Lubzinski, abandonna même un moment l'audience après un échange d'explications très vives avec le procureur général M. Drescher. Il a été question de bien des choses au cours des audiences, du bureau littéraire, de la police politique et de ses procédés, des affaires d'espionnage, de la santé de l'Empereur au sujet de laquelle des dépositions fort graves ont été faites (huitième audience, déposition Krämer) et aussi de ce mystérieux journaliste, Normann-Schumann, agent secret de la police prussienne et son homme de confiance, qui lançait dans les journaux étrangers les attaques les plus injurieuses contre le gouvernement et l'Empereur et était ensuite chargé d'en découvrir l'auteur. Il semblait qu'une lumière scandaleuse dût jaillir de la longueur des débats et du nombre des témoins cités; il n'en a rien été, et le président des assises a su maintenir l'affaire sur le terrain de l'accusation sans la laisser s'égarer dans la politique. La déposition, demandée par les accusés, du ministre de l'intérieur, M. von der Recke, a été refusée. On peut juger des dessous de cette affaire par les aveux de l'accusé von Lutzow, qui en disant qu'il était un grand coupable et en reconnaissant les faux qui lui étaient reprochés, avoua que ce n'était rien auprès des missions qu'il avait reçues de l'état-major allemand et le président des assises observa qu'on savait bien que ces missions n'étaient pas honorables. Malgré ses aveux partiels et la preuve des imprudences et des indiscrétions commises, M. von Tausch, qui avait rendu de grands services au grand état-major et était défendu par ses chefs, a été acquitté aux applaudissements d'un public nombreux à la tête duquel se trouvait le chambellan de l'Empereur, M. von Kotze. Von Lutzow a été condamné à deux mois de prison.

Malgré l'acquittement de son chef, la police politique n'est pas sortie indemne des débats. Il a été révélé au contraire qu'elle était entourée d'agents secrets et d'agents provocateurs prêts à toutes les basses besognes et ne reculant devant rien, et il a été établi par les aveux des accusés eux-mêmes que des faux avaient été commis, que des quittances ou des pièces avaient été faussement signées par des agents de la police politique de noms empruntés à des personnalités honorables comme le journaliste parlementaire Kukutsch ou le comte Carmer. Le procès a produit à la fois un malaise et une déception, et la *National Zeitung* a pu dire que la police politique se mouvait dans une atmosphère de démoralisation, d'indignité (*Nichtswürdigkeit*) et de désordre (*Unfug*); « de la police politique sont sortis, a dit un autre journal, le *Reichsbote*, « les mensonges les plus odieux contre les ministres et les nouvelles les « plus graves contre l'Empereur. » Quant aux procédés auxquels elle a recours, ils ont été caractérisés par l'article suivant de la *Freisinnige Zeitung* qu'il faut citer : « Le point central de la police politique est « formé par quelques commissaires criminels qui se servent pour leurs « fonctions d'agents secrets. Ces agents secrets sont des gens sans mora-

« lité et qui ont accepté cette occupation honteuse parce qu'ils ont déjà
« fait naufrage dans la vie. Les bons agents, a dit M. von Tausch, sont
« les plus malpropres. Les commissaires de police ne s'occupent pas des
« faits et gestes de ces agents, lesquels n'ont pas d'autre devoir que
« d'apporter aux commissaires les renseignements demandés et reçoi-
« vent pour cela une rémunération sur les fonds secrets de la police.
« Les commissaires sont indépendants dans le recrutement et le renvoi
« de semblables agents. Comme le disait le chef de la police, M. von
« Wintheim, c'est à dessein qu'on ne donne pas le nom de ces agents,
« afin de laisser le président de la police absolument couvert.... Les
« commissaires reçoivent directement des missions des ministres, de
« l'état-major.... » On voit ainsi quelle valeur il faut attribuer dans les
affaires de la police politique et d'espionnage aux démentis officiels.
L'acquittement de M. von Tausch a été considéré comme un échec personnel de M. von Marschall qui, en butte aux attaques dissimulées de la
police, avait déchiré tous les voiles; un mois après il était mis à la
retraite. M. von Tausch fut d'office envoyé en congé pendant six
semaines et des mesures disciplinaires ne paraissent pas avoir été prises
contre lui.

Les inaugurations patriotiques ont continué en Prusse pendant
l'année 1897. L'Empereur, qui se considère comme le gardien du
patriotisme national, ne néglige aucune occasion de le raviver et de
l'exciter par des fêtes auxquelles il assiste généralement. Après les fêtes
du Centenaire de Berlin, il a inauguré à Cologne, le 18 juin, accompagné
de l'Impératrice, le monument élevé à l'Empereur Guillaume. Il a
profité de ce voyage pour faire de rapides excursions dans la province
rhénane, à l'abbaye de Laach et il a prononcé à Bielefeld un discours
où on a voulu voir un programme et l'annonce des changements politiques qui sont survenus peu après. Un autre monument dédié à
« Guillaume le Grand » a été également inauguré à Coblentz, et la statue
équestre de l'Empereur Guillaume, haute de 14 mètres, se dresse
maintenant au confluent du Rhin et de la Moselle; ce monument, érigé
par la province, a coûté 1.600.000 marks. Enfin, un autre monument
patriotique a été également inauguré à Magdebourg.

Ces fêtes patriotiques et ces discours de l'Empereur ne séduisent ni
n'intimident le parti socialiste, qui, s'il ne semble pas s'être accru en
1897, est resté sur ses positions et conserve sa redoutable organisation.
Le rapport annuel publié par le *Vorwärts* constate qu'il s'appuie sur
69 journaux politiques et 55 feuilles professionnelles; les recettes se sont
élevées à 271.151 marks et le *Vorwärts* seul a produit un excédent de
18.210 marks; dans le courant de l'année 1896-97, 118 années, 8 mois,
3 jours de prison ont été prononcés contre des socialistes et les amendes
se sont élevées à 28.220 marks. Les socialistes n'avaient encore pris

part qu'aux élections pour le Reichstag, qui seules sont faites au suffrage universel. Ils se sentent maintenant assez forts pour affronter les élections à la Chambre des députés prussienne et le suffrage restreint, et pendant l'année 1897 un mouvement considérable s'est produit en ce sens dans le parti. La question a été très discutée : journaux et assemblées socialistes ont pris parti dans un sens ou dans l'autre et se sont divisés; pendant que MM. Bebel, Hautsky, Auer, et les journaux *Neue Welt*, *Hamburger Echo*, etc. se déclaraient pour la participation, MM. Liebknecht, Singer, Stadthagen, Schœnlank et la *Leipziger Volks-zeitung* la combattaient. A raison du vote par classes les socialistes ne peuvent espérer arriver par leurs propres forces à la Chambre et il leur faut des alliances avec les autres partis; c'est là que réside la difficulté, ces compromis étant considérés comme contraires aux principes socialistes. A l'assemblée générale du 3 octobre, tenue à Hambourg, après une discussion agitée et des discours très violents, la participation a été votée, mais ses adversaires firent ensuite voter un amendement qui interdisait tout compromis avec les autres partis politiques. Ce vote contradictoire laissait en fait la question en suspens. En novembre, dans un discours prononcé à Cottbus, M. Bebel a demandé que la solution fût abandonnée à la décision du conseil de direction, qui aurait le droit de contracter des alliances. Si cette opinion triomphe, le parti socialiste rentrera ainsi dans le cadre des partis politiques (1).

La campagne entreprise contre les Polonais, leur nationalité et leur langue, qui s'est aggravée depuis le discours de l'Empereur à Thorn et la chute du chancelier Caprivi, s'est continuée avec de nouvelles rigueurs pendant l'année 1897. Nous avons indiqué les différents incidents de cette guerre de nationalité : les réunions publiques tenues en langue polonaise ont été dissoutes; les drapeaux et les cocardes aux couleurs polonaises, rouge et blanc, sont interdites, et de nombreuses poursuites ont été intentées contre les journaux polonais, sans parler des vexations et des pressions de toute sorte auxquelles a recours l'administration. En mai, lors de l'entrée de l'évêque coadjuteur de Posen, Mgr Likowski, à Bomst, les arcs de triomphe portant des inscriptions polonaises ont été interdits; en juin, des solennités polonaises ont été également défendues, et même à Posen de simples réunions de danse et de musique de sociétés polonaises. L'extrait suivant d'un manuel d'histoire, qui a été distribué dans la province de Posen, établit nettement la situation que veut prendre vis-à-vis des Polonais le parti allemand qui suit les inspirations du célèbre Verein : « Les partages de la Pologne n'ont pas été un « brigandage et une atteinte au droit des gens comme certains Polo-« nais le prétendent faussement. La Prusse devait procéder à ces par-« tages avec l'Autriche et la Russie, parce que la Pologne était « originairement un pays allemand. De même que les Allemands

(1) La question n'est pas encore tranchée en septembre 1898.

« devaient conquérir de nouveau l'Alsace et la Lorraine qui leur avaient
« été arrachées, de même la Prusse devait conquérir de nouveau la
« Pologne. » Et dans un discours prononcé dans une conférence, le
président du Verein déclara que les Polonais n'avaient aucun droit aux
pays habités par eux. C'est la force et la conquête légitimés par un
prétendu droit historique. La guerre ne semble pas près de finir.
Aboutira-t-elle au but espéré? Il ne semble pas que les résultats obtenus
justifient les espérances. Aux vexations, les Polonais opposent la plus
indomptable résistance et ils ont fini par rallier à leur cause d'anciens
adversaires, les députés du Centre et même un progressiste. Interpellations, propositions, discussions de lois spéciales et du budget, les
députés polonais saisissent toutes les occasions, avec un infatigable cou-
rage, pour renouveler leurs protestations au nom du droit et de la justice,
et loin de les abattre les injustices n'ont servi qu'à exaspérer le sentiment national. Ils ont même obtenu contre l'administration un succès
judiciaire, et l'arrêt du tribunal supérieur administratif rendu en octobre
a déclaré illégale la dissolution de réunions publiques tenues en langue
polonaise sous le seul prétexte que le fonctionnaire chargé de la surveillance ne comprenait pas le polonais. L'unification et la germanisation
ne semblent pas faire plus de progrès dans les districts danois, et en
Hanovre, en 1897, trois pasteurs luthériens ont été suspendus de leurs
fonctions pour avoir refusé de prier publiquement pour l'Empereur
Guillaume.

Nous ne pouvons terminer cet exposé de la vie législative et politique
de la Prusse en 1897 sans mentionner que, dès les premiers jours de
septembre, au lendemain de la visite du Président Faure à Saint-
Pétersbourg et du toast de Cronstadt, la presse prussienne, avant
même que la question si redoutable pour la patrie française ne vînt
tristement troubler et affaiblir la France, a soutenu l'innocence de l'ex-
capitaine Dreyfus et a toujours pris parti pour le condamné avec une
passion qui peut paraître singulièrement suspecte et que pouvait inspirer
seulement la haine de la France.

Malgré une notable reprise dans le prix des céréales, les souffrances
de l'agriculture sont toujours très vives et elles sont encore augmentées
par la situation très obérée de la propriété foncière, dont les dettes
grèvent lourdement l'exploitation; dans certaines provinces de l'Est, ces
dettes dépassent 50 pour 100 du capital. Aussi, en juin et juillet 1897,
la puissante association des agriculteurs a demandé aux ministres prus-
siens et au chancelier l'interdiction immédiate de l'importation des blés
étrangers. Cette demande, approuvée par les Conservateurs, n'était
qu'une forme nouvelle de la proposition Kanitz, et n'a pas été prise en
considération. Un avis paru au *Journal officiel* a déclaré qu'elle était
contraire aux traités de commerce. Nous avons vu d'autre part les difficultés qu'ont suscitées à Berlin l'application de la loi sur la Bourse et
l'interdiction des marchés à terme sur les céréales.

La situation économique de la Prusse ne laisse pas néanmoins que d'être très satisfaisante grâce au développement considérable du commerce et de l'industrie. Cette situation est attestée par le développement normal et continu des caisses d'épargne. En 1894-95 il existait 3.837 caisses; le nombre s'en est élevé à 3.911 pendant l'année 1895-96, ce qui représente une caisse d'épargne par 8.001 habitants; le nombre des livrets, en progression de 332.211 est de 6.859.518 et les dépôts s'élèvent à la somme de 4.310.153.526 marks. Le chiffre des dépôts augmente, celui des retraits diminue et l'épargne représentait en 1896 une somme de 135 marks par tête d'habitants, tandis que ce chiffre n'était que de 128, 121, 116 et 112 marks dans les quatre années précédentes.

L'administration prussienne a perdu le 7 avril un des hommes qui lui faisaient le plus d'honneur, M. von Stephan, à la tête depuis plus de trente ans du service des postes allemandes, auxquelles il avait donné une vive impulsion; il avait pris une grande part à la construction des hôtels des postes, auxquels il avait su donner un caractère architectural et pittoresque, éloigné de la banalité du style officiel.

Parmi les assemblées générales d'associations et de corporations tenues en Prusse, nous signalerons les suivantes : Congrès des associations chrétiennes des ouvriers mineurs, à Bochum, le 31 janvier; des mineurs, à Helmstädt, le 19 avril; des chirurgiens, à Berlin, le 21 avril; de l'Union générale des sociétés ouvrières évangéliques, à Elberfeld, en avril; des maîtres catholiques allemands, à Heiligenstadt, le 7 juin; des maîtresses catholiques allemandes, à Cologne, le 8 juin; des caisses Raiffeisen, dont l'union comprend 2.896 sociétés, à Berlin, le 10 juin. Les cours pratiques de science sociale organisés par le Centre, dont nous avons déjà parlé (1), ont été faits à Beuthen en Silésie du 5 au 11 septembre.

L. Dubarle.

(1) Bulletin de 1897, p. 175.

MOUVEMENT LÉGISLATIF

Liste des principales lois et des principaux décrets publiés en France
et à l'étranger.

FRANCE.

23 janvier 1898. — Loi ayant pour objet de conférer l'électorat aux femmes pour l'élection aux Tribunaux de commerce (*Jour. Off.* du 25 janvier).

1er février 1898. — Loi modifiant l'article 12 § 1er de la loi du 2 août 1835, sur l'élection des sénateurs (*Journ. Off.* du 8 février).

9 mars 1898. — Loi autorisant l'application anticipée de la loi du 29 décembre 1897, relative à la suppression des taxes d'octroi sur les boissons hygiéniques (*Journ. Off.* du 12 mars).

16 mars 1898. — Loi tendant à rendre plus rapide et plus économique la revision du cadastre (*Journ. Off.* du 19 mars).

2 avril 1898. — Loi qui proroge la loi du 13 janvier 1892 relative aux encouragements à donner à la sériciculture et à la filature de la soie (*Journ. Off.* du 7 avril).

4 avril 1898. — Loi modifiant le droit à percevoir sur les mandats de poste et portant réduction à trois ans du délai de prescription de ces titres et des valeurs de toute nature confiées à la poste ou trouvées dans le service (*Journ. Off.* du 27 avril).

9 avril 1898. — Loi relative aux chambre de commerce et aux chambres consultatives des arts et manufactures (*Journ. Off.* du 19 avril).

19 avril 1898. — Loi complétant l'article 6 de la loi du 30 août 1883, (réforme de l'organisation judiciaire) (*Journ. Off.* du 21 avril).

19 avril 1898. — Loi sur la répression des violences, voies de fait, actes de cruauté et attentats commis envers les enfants (*Journ. Off.* du 21 avril).

28 mai 1898. — Décret portant règlement d'administration publique pour l'application et le contrôle de la loi sus-énoncée du 2 avril 1898, sur la sériciculture (*Journ. Off.* du 29 mai).

18 juin 1898. — 3 décrets complétant les règlements d'administration publique du 27 mars 1893, sur la comptabilité des fabriques, des conseils presbytéraux, des consistoires et des communautés israélites (*Journ. Off.* du 21 juin).

21 juin 1898. — Loi portant modification des articles 31 et 103 et abrogation de l'article 32 du code Forestier (*Journ. Off.* du 23 juin).

21 juin 1898. — Loi portant abrogation de l'article 153 et modification de l'art. 154 du code Forestier (*Journ. Off.* du 23 juin).

21 juin 1898. — Loi sur le code rural (livre III de la police rurale. Titre 1er : police administrative) (*Journ. Off.* du 23 juin).

22 juin 1898. — Décret portant règlement d'administration publique pour l'application de l'article 12 de la loi de finances du 13 avril 1898, relatif à l'émission, la mise en souscription, l'exposition en vente ou l'introduction sur le marché français des titres étrangers (*Journ. Off.* du 24 juin).

29 juin 1898. — Décret modifiant les articles 17, 55 et 56 du décret du 7 octobre 1890, en ce qui concerne l'élection d'une chambre syndicale des agents de change et la réglementation de la responsabilité collective de ces agents (*Journ. Off.* du 30 juin).

12 juillet 1898. — Loi modifiant les articles 40 et 41 de la loi du 10 août 1871 sur les conseils généraux (*Journ. Off.* du 17 juillet).

18 juillet 1898. — Loi sur les warrants agricoles (*Journ. Off.* du 20 juillet).

18 novembre 1898. — Loi modifiant les articles 25 et 62 de la loi du 15 avril 1829 relative à la pêche fluviale (*Journ. Off.* du 23 novembre).

ALGÉRIE.

4 juin 1898. — Décret relatif au service des prisons et établissements pénitentiaires de l'Algérie.

23 août 1898. — 3 décrets relatifs aux attributions du gouverneur général de l'Algérie, aux délégations financières algériennes, à la réorganisation des consistoires israélites algériens (*Journ. Off.* du 25 août).

COLONIES FRANÇAISES.

6 mai 1898. — Décret portant réorganisation du service de la justice au Cambodge (*Journ. Off.* du 11 mai).

31 mai 1898. — Décret réglementant la fixation du taux officiel de la roupie dans les établissements français de l'Inde. (*Journ. Off.* du 8 juin.)

8 août 1898. — Décrets réorganisant le conseil supérieur de l'Indo-Chine, et le service de la justice en Indo-Chine. (*Journ. Off.* du 12 août.)

8 août 1898. — Décret réorganisant le conseil du protectorat du Tonkin (*Journ. Off.* du 12 août).

25 octobre et 21 novembre 1898. — Décrets relatifs à la réorganisation de la justice et à l'organisation des tribunaux indigènes à Madagascar (*Journ. Off.* des 3 et 26 novembre).

EMPIRE D'ALLEMAGNE.

31 mars 1898 (R. G. B., n° 12). — Loi fixant le budget de l'exercice 1898.

10 avril 1898 (R. G. B., n° 15). — Loi sur la flotte allemande.

13 avril 1898 (R. G. B., n° 11). — Loi complétant les lois relatives aux relations des paquebots postaux avec les pays d'outre-mer (*Gesetz zur Ergänzung der Gesetze betreffend Postdampfschiffsverbindungen mit überseeischen Ländern*)

17 mai 1898 (R. G. B., n° 21). — Loi sur les affaires de la juridiction gracieuse (*Gesetz über die Angelegenheiten der freiwilligen Gerichtsbarkeit*).

17 mai 1898 (R. G. B., n° 21). — Loi modificative de la loi sur la faillite (*G. betreffend Aenderungen der Konkursordnung*).

17 mai 1898 (R. G. B., n° 21). — Loi modificative du Code d'organisation judiciaire et du Code de procédure pénale (*G. betreffend Aenderungen des Gerichtsverfassungsgesetzes und der Strafprozessordnung*).

17 mai 1898 (R. G. B., n° 21). — Loi modificative du Code de procédure civile (*G. betreffend Aenderungen der Civilprozessordnung*).

PRUSSE.

1er et 11 mai 1898 (G. S., n°° 9 et 13). — Loi de finances.

20 mai 1898 (G. S., n° 11). — Loi concernant l'extension et le complément du réseau des chemins de fer de l'État et la participation de l'État à la construction des petites lignes (*G. betreffend die Erweiterung und Vervollständigung des Staatseisenbahnnetzes und die Betheiligung des Staates an dem Bau von Kleinbahnen*).

GRANDE-BRETAGNE ET IRLANDE.

23 mai 1898 (61 Vict. ch. 7). — Loi portant amendement de la législation relative à la liberté sous caution (*An act to amend the law with respect to bail*).

25 juillet 1898 (ch. 14). — Loi modificative de la loi de 1894 sur la marine marchande, relativement à la responsabilité des armateurs (*An act to amend the merchant shipping act 1894, with respect to the liability of shipowners*).

25 juillet 1898 (ch. 15). — Loi ayant pour but de permettre à certaines sociétés d'emprunter à des personnes ou corporations qui leur sont étrangères (*An act to empower certain societies to borrow money from persons and corporations other than members*).

25 juillet 1898 (ch. 17). — Loi modifiant et codifiant les lois concernant les solicitors et les clercs stagiaires en Irlande (*An act to amend and consolidate the laws relating to solicitors and to the service of indentured apprentices in Ireland*.

25 juillet 1898 (ch. 21). — Loi modificative de la législation concernant l'établissement et l'expulsion des pauvres de l'Écosse (*An act to further

amend the law relating to the settlement and removal of the poor in Scotland).

25 juillet 1898 (ch. 25). — Loi modificative des lois de 1852 et de 1868 sur la pharmacie (An act to amend the pharmacy acts 1852 and 1868).

2 août 1898 (ch. 26). — Loi modificative de la loi de 1867 sur les sociétés (An act to amend the Companies Act 1867).

12 août 1898 (ch. 35). — Loi destinée à prévenir les procédures vexatoires en Écosse (An act to prevent vexatious legal proceeding in Scotland).

12 août 1898 (ch. 36). — Loi modificative de la législation sur la preuve (An act to amend the law of evidence).

12 août 1898 (ch. 37). — Loi modifiant la législation relative au gouvernement local en Irlande (An act for amending the law relating to local Government in Ireland and for other purposes connected therewith).

12 août 1898 (ch. 39). — Loi modifiant la loi de 1824 sur le vagabondage (An act to amend the vagrancy act 1824).

12 août 1898 (ch. 41). — Loi modificative des lois sur les prisons (An act to amend the prisons acts).

12 août 1898 (ch. 49). — Loi modificative de la législation sur la vaccination (An act to amend the law with respect to vaccination).

12 août 1898 (ch. 58). — Loi modificative de la législation concernant la présence des *Registrars* à la célébration des mariages dans les édifices religieux non conformistes (An act to amend the law relating to the attendance of Registrars at marriages in non conformist places of worship).

12 août 1898 (ch. 60). — Loi ayant pour objet le traitement des alcooliques (An act to provide for the treatment of habitual inebriates).

PORTUGAL (1)

21 janvier 1897. — Décret approuvant le règlement sanitaire maritime (Regulamento de sanidade maritima. Diario do Governo, n° 17).

20 février et 31 mai 1897.. — Décrets autorisant l'importation du blé exotique (Decretos autorizando a importação de trigo estrangeiro. Diario do Governo, n° 41 et 120).

25 février 1897. — Décret édictant des mesures pour remédier à la crise ouvrière et pour garantir du travail aux ouvriers occupés aux travaux de l'État, et prescrivant l'établissement d'un registre des ouvriers (Decreto contendo providencias para conjurar a crise do trabalho e estabelecendo um cadastro dos operarios. D. do G. n° 45).

(1) Les indications concernant le Portugal nous ont été transmises par M. Henri Midosin.

18 mars 1897. — Loi réorganisant l'instruction primaire (*Lei reorganisando a instrucção primaria. D. do G. nº 70*).

4 août 1897. — Arrêté ministériel relatif aux accidents du travail, chargeant les inspecteurs de l'industrie de dresser, tous les ans, une statistique des accidents du travail (*Portaria manda formar uma statistica dos accidentes do trabalho fabril. D. do G. nº 175*).

13 septembre 1897. — Loi approuvant les contrats passés avec la Compagnie des chemins de fer pour la traversée de l'Afrique (*Lei approvando os contractos feitos com a companhia dos caminhos de ferro a travez d'Africa. D. do G. nº 210*).

21 septembre 1897. — Loi autorisant les travaux du port de Lourenço Marquès (*Lei autorizando as obras do porto de Lourenço Marques. D. do G. nº 215*).

4 décembre 1897. — Décret interdisant aux fonctionnaires civils de l'État de tenir des congrès sans une autorisation préalable du gouvernement (*Decreto prohibindo os congressos dos funccionarios civis do Estado sem autorisação do governo. D. do G. nº 280*).

11 décembre 1897. — Décret réorganisant les écoles industrielles et de dessin industriel, et les écoles élémentaires de commerce. (*Decreto reorganisando as escolas industriaes e de dezenho industrial e as escolas elementares de commercio. D. do G. nº 283 e 285*).

COMPTES RENDUS D'OUVRAGES.

SECTION DES LANGUES DU NORD.

Code de commerce russe, traduit et annoté sur l'édition officielle de 1893, avec introduction, par M. J. Tchernow, licencié en droit de la Faculté de Paris. — 1 vol. in-8°, Paris; A. Pedone, 1898.

Les dispositions relatives au droit commercial russe sont disséminées dans le grand recueil de lois connu sous le nom de *Svod Zakonov.* En 1857, on a réuni une partie de ces dispositions, en les coordonnant et les amendant, pour en former le Code de commerce (*Oustav Torgovi*). C'est ce Code dont M. Tchernow nous donne, aujourd'hui, la traduction française, traduction qui est la bienvenue, car la connaissance de la langue russe est, malheureusement encore, peu répandue dans notre pays.

Ce serait une erreur de croire que toutes les matières ayant trait au commerce ont trouvé place dans le texte promulgué en 1857, bien qu'il ne comprenne pas moins de 762 articles. Beaucoup et des plus importantes ont fait l'objet de lois spéciales. Nous citerons, notamment, les magasins généraux, la lettre de change, la faillite et la procédure commerciale.

Le Code de commerce proprement dit, qu'a traduit M. Tchernow, se divise en trois livres. Le premier, qui concerne les conventions et obligations propres au commerce, s'occupe de l'engagement des commis et des mandats spéciaux, ainsi que des sociétés commerciales, au nombre desquelles figurent les associations ouvrières, désignées sous le nom d'*Artels.* Le livre II est consacré au commerce maritime. Il est subdivisé en six titres se référant aux navires de commerce, à la navigation commerciale, à l'emprunt à la grosse et à l'emprunt des vivres en cours de voyage, aux avaries, à l'assistance et au sauvetage en cas de naufrage, à la propriété des effets naufragés et à l'assurance maritime. Le livre III traite des établissements de commerce; il contient les dispositions relatives aux bourses et marchés, aux livres des commerçants et des courtiers, aux poids et mesures et aux magasins généraux.

Il est à remarquer que les étrangers, à l'exception des israélites, sont placés sur le même pied que les nationaux, au point de vue du droit qu'ils ont de faire le commerce dans l'empire de Russie. En principe, les juifs étrangers ne jouissent pas de ce droit, mais des exceptions à la rigueur de la règle peuvent être faites par le gouvernement en faveur de certaines personnes déterminées.

Nous devons faire observer, en terminant, que le Code dont M. Tcher-

— 562 —

now vient de publier la traduction, n'est pas applicable à l'ensemble des
provinces russes. Le royaume de Pologne continue à être régi par le
Code de commerce français; la Bessarabie est soumise aux règles du
droit byzantin, consignées principalement dans les six livres d'Harméno-
poul; dans les provinces d'Ostsée, on applique le Code des lois civiles
spécial à ces provinces et les usages locaux. Enfin, le grand-duché de
Finlande, qui forme un état distinct de la Russie proprement dite, a sa
législation particulière, consistant, notamment, en une loi sur la lettre
de change, du 29 mars 1858, et dans les dispositions de son Code civil,
promulgué en 1734.   Fernand DAGUIN.

SECTION DES LANGUES DU MIDI ET DE L'ORIENT.

*Le Droit commercial roumain, précédé du discours : Charles Ier
de Roumanie, suivi du traité : les Dynasties,* par M. Joan Bohl,
avocat près la Cour d'Amsterdam. — 1 vol. in-8°; Paris, A. Pedone;
1897.

M. Joan Bohl a publié, à la fin de l'année 1894, une traduction française du Code de commerce roumain, dont il a été rendu compte, en son
temps, dans le *Bulletin* (t. XXVI, p. 181).

Depuis lors, les dispositions de ce Code relatives à la faillite et à
l'exercice des actions commerciales ont été réformées; la loi de réforme
a été promulguée le 19 juin 1895. Le traducteur, désireux de mettre son
travail au courant des dernières modifications législatives, s'est déter-
miné à traduire les dispositions modifiées, comme il avait traduit, une
première fois, le texte primitif, et à en faire l'objet d'une publication
nouvelle, sous le titre de : *Droit commercial roumain.*

Ce titre pourrait paraître un peu étendu, si l'ouvrage ne comprenait
que la matière de la faillite et des actions commerciales; mais, il se
justifie par cette circonstance que l'auteur a fait précéder sa traduction
d'une étude d'ensemble sur le Code de commerce roumain, d'après un
ouvrage de M. Maniu, intitulé : *Dreptul comercial,* dont il fait, du
reste, l'éloge le plus complet.

Toutefois, on éprouve quelque surprise à constater qu'une bonne
partie du volume est consacrée à un tout autre objet que le droit
commercial. En effet, M. Bohl a placé en tête de son livre une biogra-
phie assez étendue de S. M. Charles Ier de Roumanie, fondateur du
royaume, et, à la fin, une étude d'histoire contemporaine, écrite, sans
doute, avec assez d'impartialité et dénotant une certaine élévation de
vues, mais peu à sa place dans un ouvrage de droit. Nous avions eu déjà
l'occasion d'adresser un reproche analogue à l'éminent avocat néerlan-
dais, à propos de son Code de commerce roumain. Il a tort, à notre avis,
de grouper ensemble des œuvres disparates dont chacune gagnerait à
être présentée isolément au public.   Fernand DAGUIN.

SECTION DE LA LANGUE FRANÇAISE.

*Étude critique sur la puissance paternelle et ses limites d'après
le Code civil, les lois postérieures et la jurisprudence*, par M. Paul
Nourrisson, docteur en droit, avocat à la Cour d'appel de Paris. —
Ouvrage récompensé par l'Académie des sciences morales et politiques
(concours pour le prix Bordin). — Paris, Larose, édit., 1893.

« Il est temps, s'écriait Danton, de rétablir ce grand principe, qu'on
semble méconnaître, que les enfants appartiennent à la République
avant d'appartenir à leurs parents. » De même, les socialistes contemporains les plus en vue réclament « la mise de tous les enfants, pour
leur entretien et leur éducation, à la charge de la collectivité.... Le
budget fera les frais de l'*élevage humain*. »

Cet idéal n'est pas celui de M. Paul Nourrisson. Il pense, au contraire,
avec les auteurs du Code civil, que « la puissance paternelle est un droit
fondé sur la nature et confirmé par la loi »; avec Montesquieu, « que
c'est la plus sacrée des magistratures, la seule qui ne dépend pas des
conventions et qui les a même précédées ». Cette autorité a pour but
la protection de l'enfant et, dès lors, le législateur a le devoir d'inter-
venir pour en contrôler et en limiter l'exercice lorsque des abus véri-
tables sont à redouter, mais sans pouvoir le détruire. Si donc il y avait
des lacunes dans le Code civil, en ce qui concerne la défense des
enfants de parents indignes, lacunes que la jurisprudence et la charité
privée n'avaient pu combler que d'une manière insuffisante, la loi du
24 juillet 1889 a réagi trop violemment et passé d'un extrême à l'autre.
La déchéance de la puissance paternelle, telle que cette loi l'a conçue,
est trop absolue, la privation du droit de garde à l'égard de tel ou tel
enfant devant suffire le plus ordinairement à conjurer les abus possibles. On doit se garder aussi de considérer l'État comme le protecteur
unique et nécessaire des enfants abandonnés ou privés de la protection
paternelle. La charité privée, sur ce point comme sur les autres, n'a
pas failli à sa tâche; elle est prête à répandre ses bienfaits aussi largement qu'il le faudra, et son intervention est infiniment plus douce,
plus respectueuse des droits de la famille, plus restauratrice des mœurs
que l'intervention de l'État.

A ces idées très simples, mais étudiées dans tous leurs rapports avec
le Code civil et les diverses lois qui l'ont modifié, se joignent, dans
l'ouvrage si intéressant que nous venons de résumer et que l'Académie
a récompensé, des indications d'une haute portée sociale sur les
causes les plus immédiates de la désorganisation de la famille qui est,
hélas! un des faits les moins contestables de notre état actuel et dont la
responsabilité incombe, pour une grande part, au législateur lui-même.

Jules CHALLAMEL.

*Législation relative aux monuments et objets d'art dont la
conservation présente un intérêt national au point de vue de
l'histoire ou de l'art*, par M. Louis Tétreau, docteur en droit, avocat
à la Cour d'appel (Paris, Arthur Rousseau, édit.).

La loi du 30 mars 1887, complétée par le règlement d'administration
publique du 3 janvier 1889, marque le commencement d'une période
nouvelle pour la protection des richesses artistiques et historiques de
notre pays (1). Une servitude d'intérêt public, qu'on peut appeler la
servitude archéologique, grève désormais les monuments classés, soit
qu'ils appartiennent à l'État, aux départements, communes, fabriques
ou autres établissements publics, soit qu'ils appartiennent aux particuliers. Le caractère inaliénable et imprescriptible des objets mobiliers
classés, faisant partie du domaine public ou appartenant aux établissements publics, est sanctionné d'une façon plus précise. Enfin, les fouilles
qui sont de nature à mettre au jour des objets intéressants pour l'archéo-
logie, l'art ou l'histoire, sont soumises à tout un ensemble de mesures
administratives.

L'ouvrage de M. Tétreau donne le commentaire de ce nouveau cha-
pitre, longtemps attendu et très lentement élaboré, de notre droit public.
Comment la loi et le règlement d'administration publique doivent-ils
être interprétés et appliqués? Comment faut-il trancher les conflits qui
peuvent s'élever entre les différents services intéressés; quelle est la
portée des nouveaux principes en matière de servitudes d'utilité publique
et de domanialité publique ; quels sont les droits et les devoirs de l'État,
des départements, des communes et des établissements publics? Quelles
garanties sont données aux intérêts privés? Quelles sanctions peuvent
atteindre les infractions, et, enfin, comment doit-on comprendre les
dispositions qui étendent la loi aux pays de protectorat? Toutes ces
questions sont examinées avec une méthode et un soin auxquels nous
sommes heureux de rendre hommage. En outre, les divers points con-
troversés ou controversables, signalés dans les ouvrages déjà publiés
sur le même sujet, sont l'objet d'une discussion approfondie, et, quoique
nous ne soyons pas toujours de la même opinion que l'auteur, nous
reconnaissons qu'il a toujours su rendre très séduisantes les solutions
qu'il préconise.

Désireux de donner efficace à une loi dont l'utilité est évidente et dont
les sanctions sont assez faibles, M. Tétreau a pensé qu'il ne pouvait
refuser à l'administration aucun moyen de remplir sa tâche. C'est ainsi
notamment qu'il approuve sans réserve la disposition par laquelle le
décret du 3 janvier 1889 restreint d'avance le droit de disposer des
monuments qui ne sont pas encore classés, mais qui sont l'objet d'une
proposition de classement en cours d'instruction. Il nous semble bien
difficile cependant de ne pas voir dans cette disposition une extension
de la servitude légale.

(1) V. *Annuaire de législation française*, tome VII, p. 52, et tome IX, p. 16.

La loi de 1887 est-elle applicable aux manuscrits et imprimés des bibliothèques publiques? M. Tétreau répond affirmativement. On ne saurait trop, en effet, protéger nos grandes collections nationales; mais on peut se demander s'il est permis de prêter au législateur des intentions que rien, dans les travaux préparatoires, ne vient révéler, et auxquelles paraissent contredire les expressions mêmes dont il s'est servi (A ce sujet, v. Cass. Req. 17 juin 1896, Sirey, 96, 1, 408).

Quant au droit pour les particuliers de demander le déclassement des monuments leur appartenant, il y a un premier renseignement statistique, que nous voudrions bien obtenir de la Commission des monuments historiques elle-même : Quel est le nombre des monuments de cette catégorie soumis au classement, du consentement des propriétaires? Le règlement d'administration publique a rappelé, dans ses articles 8 et 9, que le classement n'impliquait aucune obligation pour l'État de participer aux travaux de restauration, de réparation ou d'entretien. La servitude archéologique peut donc, en bien des cas, n'être qu'une charge sans compensation d'aucune sorte. Si le déclassement ne peut jamais être obtenu que du bon vouloir du ministre des beaux-arts, même lorsque des travaux très coûteux sont à entreprendre et que l'administration ne peut ou ne veut participer à la dépense, combien de propriétaires seront disposés à accepter la servitude?

Jules CHALLAMEL.

Pandectes françaises. — *Nouveau répertoire de doctrine et de jurisprudence*, commencé sous la direction de M. Rivière, conseiller à la Cour de cassation; continué sous la direction de M. Weiss, professeur à la Faculté de Droit de Paris, par M. N. Frennelet, avocat à la Cour de Paris (Tomes XXIII, XXIV, XXVIII, XXIX, du *Répertoire* et tome I des *Priviléges et hypothèques*), in-4°. Paris 1897 et 1898, Chevalier-Marescq, Plon et Nourrit, éditeurs.

Depuis notre dernier compte rendu (1), cinq nouveaux volumes ont paru, témoignant ainsi de l'activité croissante déployée par la rédaction de ce grand recueil pour conduire à bien l'œuvre entreprise.

Le tome XXIII, après avoir achevé le mot *Cultes*, va jusqu'au mot *Désistement* en passant notamment par les articles suivants : *Cumul des peines*; *Curateur*; *Décorations*; *Dégradation civique*; *Délation de serment*; *Dénonciation calomnieuse*; *Départements*; *Dépôt*; *Députés*.

Le tome XXIV contient, entre autres, les mots : *Détention*; *Dette publique*; *Diffamation-Injure*; *Distribution par contribution*; *Divorce*, dont il donne un traité complet et détaillé en 3321 numéros; *Domaine*; *Domicile*.

Dans le tome XXVIII, qui fait suite (les trois volumes des donations parus antérieurement s'intercalant sous les numéros 25, 26 et 27), nous signalerons les articles intitulés : *Droits civils*; *Duel*; *Eaux*;

(1) V. *Bulletin* d'Avril-Mai 1897, p. 116.

Échange; Échelles du Levant; Écoles; Effets de commerce.

Le tome XXIX, après avoir terminé le long traité des *Effets de commerce,* parcourt les matières suivantes : *Élections; Émancipation; Émigration; Emphytéose; Empoisonnement; Enclave; Enfants naturels, etc.*

Quant au tome I des *Privilèges et hypothèques* qui vient de paraître, il traite, dans la première partie, des Privilèges (Privilèges sur les meubles; Privilèges sur les immeubles; Privilèges établis par le code de commerce et par d'autres textes spéciaux; Classement et conservation des privilèges). Dans la seconde partie, consacrée aux Hypothèques, il commence par exposer la matière des hypothèques légales, des hypothèques judiciaires et des hypothèques conventionnelles; puis il s'occupe, dans un titre IV, de l'Inscription des hypothèques; dans le titre V, de la restriction des hypothèques légales et, dans le titre VI, de la Publicité des registres et de la responsabilité des conservateurs.   H. ALPY.

Les justices de paix à l'étranger, par M. Léon Picot, juge de paix du 3ᵉ arrondissement de Paris. 50 p. in-8ᵉ. Paris, Marchal et Billard, 1889.

En publiant ce travail sur les justices de paix à l'étranger, M. Léon Picot s'est proposé de faire connaître aux lecteurs français, dans une sorte de tableau d'ensemble, l'organisation et la compétence des tribunaux inférieurs qui existent dans les divers États civilisés et qui correspondent plus ou moins exactement à nos tribunaux de paix. Évidemment, il n'a pu être question pour lui de donner, dans une brochure de 50 pages, des indications complètes et détaillées sur la procédure en usage devant ces tribunaux. Il a dû se borner à indiquer leur composition, à noter l'étendue de leur ressort, et à mentionner brièvement les attributions qui leur sont dévolues par la loi, tant en ce qui concerne la juridiction contentieuse qu'en ce qui touche à la juridiction non contentieuse.

L'auteur a passé en revue, dans son étude, tous les grands États européens et une partie des petits, tels que la principauté du Monténégro, le grand-duché de Luxembourg et Monaco. En Amérique, les États-Unis, le Mexique, Haïti, l'Équateur, le Pérou, le Chili, la République argentine, la Bolivie, le Brésil et l'Uruguay ont été l'objet de ses recherches. En Asie, la Chine, le Japon et le royaume de Siam ont fourni des notices, à côté desquelles sont venues prendre place celles de l'Égypte, du Transwaal et des îles Hawaï. Comme on le voit, le cercle est à peu près complet. Du moins aucun État important n'a-t-il été omis.

La lecture de l'intéressante brochure de M. Léon Picot conduit à cette conclusion que partout ou à peu près fonctionne, sous des noms parfois différents, une juridiction inférieure qui rappelle la nôtre, mais dont l'organisation et la compétence sont, dans certains pays, réglées par des dispositions qu'on pourrait souhaiter de voir passer dans les projets de réformes qui sont, actuellement, à l'étude en France.

Fernand DAGUIN.

TABLE DES MATIÈRES.

_. . . . . . ._

BULLETIN N° 1. — JANVIER 1898.

BULLETIN N° 2. — FÉVRIER.

BULLETIN N° 3. — MARS.

BULLETIN No 4 et 5. — AVRIL-MAI.

TABLE ANALYTIQUE

DRESSÉE PAR

M. ALCIDE DARRAS

Docteur en droit.

- - - - - - - - - - -

A

B

38

C

N

O

P

Q

R

S

T

V

W

L'Éditeur-Gérant : F. PICHON.

38940. — IMPRIMERIE LAHURE

9, rue de Fleurus, Paris.

www.ingramcontent.com/pod-product-compliance
Lightning Source LLC
Chambersburg PA
CBHW071452200326
41519CB00019B/5715